Основание

ДЖЕССИКА ОНСАГА

Эта серия книг посвящена сынам Божьим, которые говорят Яхве «ДА» чего бы им это ни стоило. Пусть эти книги помогут вам возрастать в сыновстве и зрелости хождения со Христом.

Серия книг о сыновстве: Основание

Джессика Онсага

Серия книг о сыновстве: Основание

Copyright © 2024

Издательство Seraph Creative

www.seraphcreative.org

СОДЕРЖАНИЕ

ПРЕДИСЛОВИЕ

Евангелие - это сила Божья ко спасению

В христианском мире существует много служений, методов и приемов, помогающих обрести зрелость, исцеление и доступ к обетованиям спасения. Большая часть представляет собой превосходные служения, осуществляемые компетентными добросердечными христианами. Однако силу изменить вашу жизнь может дать только слышание, понимание и вера в Евангелие. Только совершенная работа Христа может привести к стабильной преображенной жизни.

Если кто во Христе, тот новое творение.

Понимание того, кто ты во Христе гораздо важнее, чем методология или учение конкретного служителя: за кого молиться, кому пророчествовать, кому вести «духовную битву»?

Если вы верите, что вы — христианин на земле, обращающийся к Богу в Небесах с мольбой о помощи, то, конечно, вам понадобятся служения, священники и «следующая волна» Божьих откровений, чтобы принести и поддерживать изменения в жизни. Однако, если вы знаете, что вы — новое творение — сын Божий, восхищенный и посаженный на Небесах, и уже получивший все, что нужно для жизни и благочестия, тогда любое служение станет лишь подмогой, чтобы осознанно осуществлять то, что в любой сфере жизни вам уже принадлежит.

А лучше, если вы осознаете, что в момент спасения вам уже даны ответы на ваши молитвы, и что все они есть внутри вас! В этом случае вам вообще не понадобится чье-либо служение, поскольку вы начнете жить в реальности нового творения, которая проистекает из непосредственных отношений с Самим Богом!

Если мы прекратим просить Бога о том, что Он уже сделал для нас, и перестанем умолять Его совершить то, что Он поручил нам, то большая часть нашей молитвенной «повестки дня» уйдет в небытие.

Те, кто вошли в покой Христов, успокоились от дел своих.

Преображение человеческой жизни по образцу жизни Христа — это и есть покой. Идея о покое была заложена Иисусом: это Его плата за доныне продолжающийся труд духа внутри вас, меняющий ваши душу и тело. Сколько вам понадобится постов, выученных стихов из Библии и молитвенных собраний, чтобы стать как Христос?! Самому человеку достичь этого невозможно, следовательно, это ничто иное как Его удивительный дар, а именно — личность Иисуса Христа, живущая внутри вас.

Данная серия книг служит тому, чтобы пробудить в вас осознание удивительной реальности того, что вы уже и так получили. Когда вы будете читать эти книги, Дух Святой поможет вам увидеть, поверить и пережить все, что Он обещал (так будто это уже ваше и вы уже такой!)

Помните, именно Бог производит в вас желание и действие по Своему благоволению. Наша роль — лишь сказать: «Да, Господь! Да будет мне по слову Твоему». Из славы в славу!

Крис Блэкеби

ВВЕДЕНИЕ

Добро пожаловать в серию Книг о Сыновстве! Я с радостью и честью принимаю участие в путешествии, в котором вместе с вами мы будем все больше познавать Бога. И неважно с детства вы в церкви или же только что познакомились с Иисусом, Господа можно узнавать бесконечно много и долго.

Данная серия была написана для людей, жаждущих большего и желающих выходить за пределы представлений своей «ограниченной «коробочки» познаний. Думаю, большинство из вас согласятся, что Бог намного больше, чем способен вместить наш ум, но по какой-то причине только немногие хотят выходить за пределы теологических представлений.

Если вы действительно интересуетесь тем, что освещается в этих книгах, тогда они увлекут вас в приключение с Богом, чтобы исследовать и понять, как возрастать в самоопределении и взаимоотношениях с Ним.

Я страстно желаю помогать Телу Христову влюбляться в Иисуса и ходить в сыновстве, и если позволите, привести вас к этому откровению через мои книги. Если Бог смог проговорить пророку через осла, я уверена, что Он проговорит к вам и через меня.

Цель данных книг — разложить по полочкам простые, но мощные понятия, которые помогут вам еще больше возрасти в своем хождении с Иисусом. Первая книга называется «Основание», она включает в себя все теологические обоснования для остальных частей серии и объясняет основные принципы построения взаимной дружбы с Богом. Важно прочесть данную книгу, так как она закладывает фундамент для получения того, что охватывается в материале остальных частей этой серии. Вторая книга — «Возрастание в Сыновстве» исследует вопросы: что означает быть сыном Божьим на земле и как достигать зрелости в отношениях с Яхве. Третья книга — «Восстановление целостности» представляет собой подобие Рабочей тетради. Она поможет в практической работе с нашими душевными ранами, которые не позволяют начать ходить в том, что приготовил нам Бог. Последняя четвертая книга серии называется «Развитие во власти» и рассказывает она о том, как ходить в силе власти, данной нам Богом через близкие отношения с Ним.

Хочу подчеркнуть важность прочтения первых трех книг прежде, чем перейти к четвертой. Советую вам не перескакивать предыдущие книги этой серии, предпочтя последнюю «веселую часть», потому что тогда у вас не будет заложено достаточно прочного основания, чтобы получить и использовать то «веселое», о чем в ней говорится.

Содержание всех без исключения книг нацелено на то, чтобы помочь вам начать диалог с Яхве и глубже погрузиться в отношения с Ним. Я намеренно не буду цитировать все стихи или полностью разжевывать каждую охваченную мной тему. Если я буду все объяснять, то большинству будет достаточно получить это «головное» знание, вместо того, чтобы принести эту информацию Иисусу. Чтобы предотвратить это, я поставила цель — дать вам чуть-чуть «попробовать маленький кусочек», достаточный для разжигания аппетита, чтобы вы, наполненные жаждой, обратились к Иисусу за «остальным блюдом».

ИИСУС — наш источник! Он — целитель, и именно ЕГО истина преображает нашу душу. Слова, написанные здесь, могут остаться всего лишь знаниями разума, если не позволить ИИСУСУ показать в них откровение для сердца (хочу уточнить, что определение «головное знание» в моем понимании — это все, что вы узнали про Иисуса, но во что еще не поверили и не познали своим сердцем/душой). Знание в разуме не затрагивает глубоких внутренних чувств и убеждений, так как мы не были созданы жить на основании знаний. Мы были созданы жить в ОТНОШЕНИЯХ со всеми личностями Троицы! Именно через отношения с Ними мы обновляем свой разум и преображаем жизнь.

Считаю, единственная и самая важная цель для каждого верующего — это научиться жить в состоянии единения с Богом. Лишь по этой причине, когда я что-то объясняю в данной серии книг, я надеюсь предоставить вам достаточно информации, чтобы вы могли сами пойти к Иисусу и задать Ему вопросы на любую тему. Затем Иисус, отфильтровав мои слова, объяснит вам, как применить материалы книг в конкретной жизненной ситуации.

Все темы этой серии появились из моего личного опыта хождения с Иисусом. То, чем я буду делиться на ее страницах, приобретено мною через сильную боль, серьезные испытания и почерпнуто из времени, проведенного наедине с Богом.

Работая над материалом книг, я стараюсь говорить кратко и прямо, в большинстве случаев сразу начинаю с «мяса». Формируя своё учение, я не люблю лирических отступлений и стараюсь сразу переходить к делу, так что, естественно, такими же получаются мои книги. Информация, изложенная в них, подается интенсивно и насыщенно, поэтому советую вам «переваривать» её не спеша.

Вы получите намного больше пользы от этих книг, если прочтете их несколько раз, останавливаясь и обращаясь к Иисусу всякий раз, когда какая-то часть текста бросается в глаза. Позвольте Ему говорить к вам лично, а эти книги воспринимайте всего лишь как трамплин к разговору с Богом о прочитанных темах.

Еще одной причиной написания серии о Сыновстве для меня стало понимание, что многие люди ожидают впереди напряженных времен. Я не хочу, чтобы вы впали в обольщение или разочарование, когда жизнь действительно станет сложнее. Надеюсь, что мои книги смогут помочь вам твердо стоять на Истине и в темные времена. Несмотря на грядущие события, я убеждена, что мы переживем величайшее излияние Божьего Духа на землю. Это поистине будут самые удивительные дни для жизни на земле!

Все Небеса с нетерпением наблюдают за тем, как будет осуществляться этот переход. Бояться нечего! Это век откровения Иисуса Христа! Так что я предлагаю вам положиться на Иисуса всем своим существом и сказать Ему свое уверенное, непреклонное «ДА»! Лучшее еще впереди!

Глава первая

ХОРОШАЯ НОВОСТЬ!

Евангелие — это РЕАЛЬНО хорошая новость! Оно также представляет собой краеугольный камень основания для краткой серии книг о Сыновстве. История Евангелия — это то, на чем построено все остальное. То, во что мы верим касательно Евангелия, Бога и того, кто мы есть, влияет на каждый аспект нашей жизни, поэтому стоит начать именно с этого.

Я родилась в религиозной среде, и мне хорошо известно, как играть в игру по ее правилам. Даже будучи ребенком я всегда любила Бога, хотя и застряла на очень отдаленных отношениях в послушании моему любящему Господину. Однажды в возрасте 16 лет я поехала в зимний лагерь, именно тогда мой религиозный мирок перевернулся, и я впервые в жизни пережила личную встречу с Иисусом. Моя старая парадигма мышления в отношении Него разлетелась вдребезги! Так начался вечный путь открытий величия Яхве и моего единства с Ним. Я понимаю теперь, что именно религия научила меня искаженному и извращенному евангелию, поэтому в начале этой главы предлагаю кое-что прояснить.

Вот как примерно выглядит то «евангелие», которому научила меня религия: мне говорили, что существует всемогущий создатель Бог, и что Он очень хороший, святой и справедливый. Он сотворил все и в том числе первых людей. Адаму и Еве было дано всего одно простое правило, но они нарушили его. Тем самым непослушание первых людей обрекло все человечество на проклятие. Бог в Своей святости не мог находится рядом с грехом, но что еще хуже, Он должен был наказать людей вечным осуждением за их грехи. Однако Бог так сильно любил людей, что послал Своего единственного Сына Иисуса, чтобы Тот умер за наши грехи, и мы могли быть спасены от Божьего гнева и наказания. Иисус пришел как жертвенный агнец, чтобы взять на Себя гнев и наказание, предназначенные для нас. Он явился на землю младенцем, жил и возрастал, а потом был убит. Через три дня Иисус воскрес из мертвых, одержав победу над грехом! Мне объясняли, что если человек верит в Иисуса, то он сможет быть спасен от ада, но спасение от греха не начнется, пока он не уйдет на небо. Живя на земле, человек все еще остается грешным, будто застрявшим во грехе. Религия учит, что мы должны стараться изо всех сил не грешить и быть «хорошими христианами» на земле, пока мы не умрем и не попадем на Небо… или что нам нужно как можно больше стараться не грешить и быть достойными звания «хороший христианин» пока не вернется Иисус (в зависимости от того, что из этого произойдет раньше — наша смерть или второе пришествие).

И я верила в это евангелие! Я учила ему и ходила от двери к двери, проводя евангелизации на основании этого самого евангелия, но тогда я была не права — совершенно не права! Прошло несколько лет прежде, чем Иисус достучался до меня и показал всю мою неправоту. Предполагаю, что и вас учили подобному евангелию, и вы испытывали похожие чувства. Так что, позвольте мне сначала разобрать по полочкам это самое религиозное евангелие и действительно доказать, что оно неправильное. А затем я поделюсь тем Евангелием, которое вижу в Писании.

Я молюсь, чтобы вы продолжали разбираться в том, чему вас научили когда-то и всегда сверять это с Библией, чтобы понять выстоит ли это учение проверку истиной.

Миф 1

Божья святость не может находиться рядом с грехом

НЕВЕРНО! Бог МОЖЕТ находиться рядом с грехом! Бог пришел к Адаму в сад, после того как тот согрешил, а АДАМ был тем, кто спрятался. В Писании мы видим, что БОГ еще до того, как Иисус пришел на землю и разобрался с грехом навсегда, снова и снова посещал грешных людей, чтобы быть с ними рядом. Единственный стих, поддерживающий этот миф, который я смогла найти, это:

> Аввакума 1:13 (Расширенный перевод): «Твои очи слишком чисты, чтобы одобрять злодеяния, и смотреть на притеснение Ты

не можешь; <u>для чего же Ты смотришь на</u> <u>злодеев?</u>» *[Подчеркивание автора]*

В конце этого стиха Аввакум все равно признает, что Бог смотрит на грех. Бог ДЕЙСТВИТЕЛЬНО свят, справедлив и добр — все это так! Просто это представление отличается от того, чему учили меня. Его святость не удерживает Его от нас. Бог обещал никогда не оставить и не бросить. Это обещание было дано нам множество раз и в разных книгах Библии.

А теперь поговорим о том, что такое грех. На эту тему ведется много споров в религиозных кругах. Из Библии мы знаем, что грех — это термин из сферы стрельбы из лука, означающий промах мимо цели. Нам также известно, что плата за грех — смерть. Однако что это значит? Я определяю грех как ЛЮБОЕ отделение от Яхве, потому что Бог есть сама ЖИЗНЬ, поэтому любое отделение от жизни будет равно смерти. Вот почему Иисус сказал, что думать в сердце своем об убийстве — уже грех, даже если мы не приводим этот замысел в исполнение. Мысли об убийстве, которые мы допускаем, показывают, что эта часть нашего сердца отделяется от Самой Жизни. Это лишь подтверждает, что она подчинилась лжи и согласилась со смертью, и это соглашение принесет смерть нам самим. Даже «убийство» в нашем сердце — это грех, который приводит к отделению от Яхве. Так что, Бог МОЖЕТ быть рядом с нами и нашим грехом, но это МЫ — те, кто прячется от Бога, потому что Его свет обнажает нашу боль и отделение от Него.

Миф 2

Поскольку Бог справедлив, мы должны быть наказаны за свои грехи. Иисус пришел, чтобы взять наше наказание и умилостивить Божий гнев.

НЕВЕРНО! В этом заявлении СТОЛЬКО всего перевернутого. Божий гнев, пожалуй, самое неправильно понятое качество Бога. Я не смогла найти ни одного стиха, который поддерживает идею о том, что Бог излил Свой гнев на Иисуса. Да, есть стихи, что Он возложил на Иисуса грехи всего мира, однако это говорит лишь о равнозначности смыслов двух выражений. ЕСЛИ БЫ ЭТО заявление было истинным, то это означало бы, что БОГ изменил свою природу в результате событий на кресте. Да, Он был полон гнева, но из-за креста Он предположительно смилостивился (по крайней мере, до конца времен, когда Он снова начнет гневаться).

> Евреям 13:8 (Синод.) «Иисус Христос вчера и сегодня и во веки Тот же».

> Евреям 1:3 (Дословный перевод ТРТ) «Сын — это ослепительное сияние величия Бога, точное выражение истинной природы Бога — Его зеркальный образ»!

Заметьте: Если Бог изменился на кресте, тогда Он не тот же «вчера, сегодня и вовеки».

Давайте поговорим про идею наказания. Наказание никак не помогает нам измениться. В слове Божьем сказано, что Иисус пришел к слепым, больным и потерянным. Наказание никогда не принесет зрение слепому или исцеление больному. Нам нужно полное преображение и Сам Спаситель, а НЕ наказание.

> Луки 19:10 (Синод.) «Ибо Сын Человеческий пришел взыскать и спасти погибшее».

> Иоанна 3:17 (Синод.) «Ибо не послал Бог Сына Своего в мир, чтобы судить мир, но чтобы мир спасен был чрез Него». [Подчеркивание автора]

> 2 Коринфянам 5:19 (Синод.) «Потому что Бог во Христе примирил с Собою мир, не вменяя людям преступлений их [а отменив их]»

Миф 3

Если вы верите, что Иисус умер и вновь воскрес, тогда вы можете быть спасены от ада. Однако на земле вы навсегда застрянете во грехе, пока не умрете.

НЕВЕРНО! Возникает вопрос: насколько Иисус силен, если Он может спасти нас от греха только ПОСЛЕ того, как мы умрем? Нет ни одного стиха, поддерживающего идею, что мы — грешники, застрявшие во грехе до смерти. Если бы это было так, тогда СМЕРТЬ освобождала бы нас от наполненного грехом мира прямо в объятия Иисуса! Иисус не ждет, пока мы умрем, чтобы наша изобильная жизнь началась лишь на Небесах. Напротив, Новый Завет ПОЛОН стихами, говорящими о нашем преображении в новое творение.

> 2 Коринфянам 5:17 (Дословный перевод Amp.) «Итак, кто во Христе [т.е., привит и присоединен к Нему верой в Него как в Спасителя], тот новая тварь древнее [предыдущее моральное и духовное состояние] прошло. Теперь все новое [потому что духовное пробуждение приносит новую жизнь]».

> Колоссянам 1:13 (Дословный перевод Amp.) «Потому что Он спас и привлек нас к Себе из власти тьмы и ввел нас в Царство возлюбленного Сына Своего».

> 1 Иоанна 4:17 (Дословный перевод Amp.) «потому что, каков Он, такие и мы в мире сем».

Религиозное евангелие НЕ хочет, чтобы мы свободно шагали по жизни, действуя как Иисус. Религия приносит смерть, а не жизнь! Поэтому изобилующему ложью религиозному евангелию для подлинности звучания достаточно немного истины, чтобы оставить нас в рабстве бессилия.

И наконец, нет ни одного стиха, поддерживающего идею, что жизнь на Небесах начинается, лишь тогда, когда мы умираем. Давайте посмотрим, что Библия говорит о вечной жизни в противовес этому утверждению…

> Иоанна 17:3 (Синод.) «Сия же есть жизнь вечная, да знают Тебя, единого ИСТИННОГО Бога, и посланного Тобою Иисуса Христа».

Вечная жизнь начинается в тот момент, когда мы поверили в Иисуса, став ОДНИМ целым с Ним — сонаследниками, посаженными на небесах со Христом, и происходит это, пока мы живем на земле! Вечная жизнь начинается именно здесь, даже если мы все еще не верим в это! Сколь недолговременным был бы результат смерти Иисуса на кресте, если бы мы не получали спасения от греха уже на земле. Что это за ИЗОБИЛЬНАЯ жизнь, о которой говорит евангелие? Что есть в этом «евангелии»?

Миф 4

В религиозном евангелии всегда присутствует подтекст, невыраженное ощущение, что Иисус и Бог строят с нами отношения по типу плохой/хороший полицейский. Иисус был хорошим полицейским, который пытался спасти нас от вечного осуждения, а Бог был плохим полицейским, полным гнева и наказаний. Искаженным образом Бог Отец наказывал и изливал Свой гнев на Своего единственного Сына, которого любил. Бог часто изображается как стоический, справедливый и святой судья, в то время как Иисус - это харизматичный, любезный жертвенный агнец.

НЕВЕРНО! Иисус — это ТОЧНОЕ подобие Отца, как было отмечено в Мифе 2. В их отношениях нет комплекса хороший/плохой полицейский. Вдобавок Бог не изливал Свой гнев на Иисуса, вместо этого в 53 главе книги пророка Исайи сказано совершенно противоположное!

> Исайя 53:3-6 (Дословный перевод BSB) «Он был презрен и умален пред людьми, муж скорбей и изведавший болезни, и мы отвращали от Него лице свое; Он был презираем, и мы ни во что ставили Его. Но Он взял на Себя наши немощи и понес наши болезни; а <u>мы думали, что Он был поражаем, наказуем и уничижен Богом.</u> Но Он изъязвлен был за грехи наши и мучим за беззакония наши; наказание мира нашего было на Нем, и ранами Его мы исцелились. Все мы блуждали, как овцы, совратились каждый на свою дорогу: и Господь возложил на Него грехи всех нас». [Подчеркивание автора].

«...мы думали, что Он был поражаем, наказуем и уничижен Богом...» — в этом отрывке текста заложен невероятный смысл, но ни в нём, ни где-то в другом месте Писания нет упоминаний, что Бог изливает Свой гнев на Иисуса. Единственное, что мы видим в отношении гнева, описанного здесь, так это гнев в НАШИХ сердцах, ослепленных грехом. МЫ презирали и отвергали Иисуса. Мы били и мучили Его, и затем сами же заявили, что это не мы, а Бог сотворил с Ним такое. Что же на самом же деле сделал Господь? Он возложил на Иисуса всякие последствия за грех, как сказано «...Господь возложил на Него наши немощи». Бог не изливал Свой гнев на Сына, пришедшего спасти творение (которое они Оба очень любили)! Это произошло в результате личного выбора Иисуса и Его добровольного подчинения Отцу. Только в этом случае Яхве смог возложить на Сына всю полноту тяжести греха, ЧТОБЫ Иисус сломил всю его власть над нами. Для Сына Божьего было бы неправильно выбрать грех, потому что тогда Он был бы подчинен именно ему. Иисус же выбрал всегда оставаться в подчинении Отцу. Вот почему Отец должен был стать тем, кто возложил на Него последствия греха.

«...Но Он пронзен был за грехи наши, и мучим за беззакония наши; наказание, которое принесло нам мир, было на Нем...» Слово «за» в этом отрывке — плохой перевод. Если изучить еврейский оригинал в этом контексте более точным переводом будет предлог «из-за». «Он был пронзен ИЗ-ЗА грехов наших... ИЗ-ЗА наших беззаконий...» МЫ были теми, кто мучил и избивал Иисуса. Да, это БЫЛО наказание, но не от Бога. Оно произошло «из-за» того, что МЫ настолько были ослеплены грехом, что наказывали Иисуса, чтобы удовлетворить свои собственные гневные сердца! МЫ ненавидели Истину! МЫ презирали Его! МЫ отвергли Его... и все из-за смерти и слепоты, в которые мы были облечены.

Яхве же не желает наказания! Бог не такой! Он не хочет, чтобы мы страдали из-за того, что нарушили правила, однако дисциплинирует ли Он нас? Да, конечно! Дисциплина — то, что делает любой хороший родитель, чтобы дать СИЛУ своему ребенку сделать правильный выбор. Без дисциплины не может быть зрелости. Поэтому со стороны родителя дисциплина — это доброе дело, помогающее ребенку вырасти и стать сильным взрослым человеком. Строгость дисциплинирования не имеет ничего общего с наказаниями и страданиями. На самом деле они приходят от сатаны, который заставляет нас страдать во грехе, а затем обманным путем поверить, что это делает Бог! Сатана взваливает всю вину на Него, пытаясь убедить нас, что Отец

— это Бог, полный гнева, заставляющий грешников страдать за свой грех.

Жизненно важно понять, что это грех наказывает нас, а не Бог! Грех производит отделение, а не Бог. МЫ отвратили лицо свое от Бога, а не Он от нас. Ослепленные грехом, это МЫ излили свой гнев на Иисуса, а не Бог. МЫ участвовали в распятии Иисуса на кресте, а затем обвинили в этом Бога. Мы излили всю свою внутреннюю сломленность и смерть на Него. Он же, не противясь, принял всё на Себя и сказал: «Я делаю это ради вашего исцеления и восстановления, Я возьму это всё на Себя, чтобы обменять Свою жизнь на вашу, ради вашей свободы».

Эта самое прекрасное и мощное событие во Вселенной, которое не смогли остановить ни грех, ни смерть!

Миф 5

Эта жизнь предназначена всего лишь коротать время на земле, пока мы не сбежим отсюда через смерть, или пока не придет Иисус и не спасет нас от ужаса пребывания в этом мире.

Идеи эскапизма в подтексте религиозного евангелия поощряют верующих просто коротать время, пока не удастся сбежать на Небеса из этого ужасного мира. Вы с тоской обращаете свои глаза вверх, ожидая дня, когда «наконец избавитесь от боли». Но это концепция совершенно обратна той, что была озвучена Адаму и Еве Богом. Он не говорил им просто отбывать свое время в Саду — они были призваны изменить всю землю, чтобы сделать ее похожей на сад. Их задача состояла в том, чтобы принести Небеса на Землю, царствуя на ней как Иисус.

Смерть никогда не была частью картины, так же как не был ею «побег на Небеса»! И это послание не изменилось с приходом Иисуса! Он также НИКОГДА не упоминал тему ухода на Небеса в контексте смерти. Писание говорит, что мы УЖЕ посажены на Небесах, как только избрали Иисуса (дальше разберем подробнее эту тему).

Мы призваны приносить Небеса на Землю, будучи ее солью и светом! «Побег с земли» никогда не был планом Бога, однако каким-то извращенным образом идеи эскапизма просочились в религиозное евангелие.

Миф 6

Если вы очень постараетесь, то достигните некоего духовного уровня и возможно на мгновение заслужите Божьего одобрения. Для вас существуют духовные цели, к которым следует стремиться, возможно, в результате усердного труда вы наконец-то их «достигнете».

«Достигаторство» — очередная идея в подтексте религиозного евангелия, обещающая «однажды добраться» до видимой цели. Конечно, «достигаторство» не может существовать без целей, но чаще всего оно приводит к ложной финишной прямой. Например, «Я стану зрелым христианином, когда воскрешу кого-то из мертвых». Так и я в буквальном смысле считала, что достигну определенного уровня духовности, когда воскрешу кого-нибудь из мертвых. Если вы думаете, что в какой-то момент вы «достигнете» чего-то в своем хождении с Господом, то вас ввели в заблуждение. Смысл путешествия в самом путешествии. Цель не в том, чтобы однажды добраться до Небес — вы уже там, и не в том, чтобы достигнуть определенного духовного уровня — на этом пути вам ВСЕГДА есть чему учиться и в чем возрастать. Яхве бесконечен! Мы никогда не сможем «достигнуть». Весь смысл настоящего евангелия, в который мы скоро погрузимся — это отношения. Они не строятся вокруг «достижений». Отношения — это попросту совместное проживание каждого момента жизни через разные сезоны и возраста. Единственное, чего вы можете «достигнуть», уже произошло в тот момент, когда вы избрали Иисуса. Вы достигли, потому что присоединились к вечному танцу любви со Христом.

Существуют и другие доказательства искажений религиозным евангелием истины благой вести. Я надеюсь, что теперь вы начнете задаваться вопросами о том, чему вас учили и исследовать, что на самом деле говорит Библия. Знайте, что религия приносит смерть, которая проникает и в церковь. Пора расставить точки над «и», чтобы заложить хорошее основание вашему духовному росту.

<u>Вот как примерно я обобщила бы благую весть согласно Библии:</u>

Отец, Сын и Дух Святой находились в блаженном, изобильном и совершенном союзе до начала времени и пространства. Греки называли это Перихорезисом — взаимопроникающая энергия танца совершенного союза Троицы и тайминга, когда все танцующие движутся как одно целое. ВОТ как греки могли объяснить Божество — трое в одном в совершенной гармонии. Именно в этой гармонии Отец, Иисус и Дух Святой решили, что хотят расширить семью. Из этого самого желания они творили всё.

> Ефесянам 1:4-5 (Дословный перевод NLT) «Так как Он возлюбил и избрал нас в Нем прежде создания мира, чтобы мы были святы и непорочны в Его глазах. Бог заранее решил усыновить нас в Свою семью, привлекая нас к Себе чрез Иисуса Христа. Вот что Он хотел сделать, и это доставило Ему великое удовольствие».

> Иоанна 1:1-4 (Дословный перевод NLT) «В начале Слово уже существовало. Слово было с Богом, и Слово было Бог. Он существовал в начале с Богом. Бог сотворил все чрез Него, и без Него ничто не было сотворено. Слово дало жизнь всему, что было сотворено, и Его жизнь принесла всем свет».

Они творили человечество по Своему собственному образу. Человеку была дана земля для управления и царствования, чтобы всю ее преобразить по образу небес (модель Эдема).

> Бытие 1:26-28 (Синод.) «И сказал Бог: сотворим человека по образу Нашему по подобию Нашему, и да владычествуют они над рыбами морскими, и над птицами небесными, и над скотом, и над всею землею, и над всеми гадами, пресмыкающимися по земле. И сотворил Бог человека по образу Своему, по образу Божию сотворил

его; мужчину и женщину сотворил их. И благословил их Бог, и сказал им Бог: плодитесь и размножайтесь, и наполняйте землю, и обладайте ею, и владычествуйте над рыбами морскими, и над птицами небесными, и над всяким животным, пресмыкающимся по земле».

Человек также получил свободную волю, потому что только так можно познать истинную любовь. Если бы человек был роботом, то ни один из его выборов не был бы настоящим. Богу нужны были свободные дети, которые могут самостоятельно выбирать, чего хотят. Находясь в полной свободе, Адам и Ева все-таки избрали не следовать Божьими путями. Когда они вкусили плод от Дерева познания добра и зла, их глаза открылись на добро и зло, осуждение и грех. Первыми они осудили себя и скрылись от Бога, потому что посчитали себя недостойными.

Грех ДЕЙСТВИТЕЛЬНО приносит смерть и отделение, НО происходит это из-за того, что мы сами отделяемся от Бога. Всякое отделение от Него равно смерти.

Таким образом, концепция греха в Библии представляется совершенно иной, чем та, которой меня учили раньше:

> *2 Коринфянам 5:19 (Синод.) «Потому что Бог во Христе примирил с Собою мир, не вменяя людям преступлений их, и дал нам слово примирения».*

> *Иоанна 3:17 (Синод.) «Ибо не послал Бог Сына Своего в мир, чтобы судить мир, но чтобы мир спасен был чрез Него».*

После того как люди согрешили, ЯХВЕ ВСЕ РАВНО ПРИШЕЛ В САД. И пришел Он не в гневе, метая молнии, но желая поговорить с Адамом, а тот просто спрятался.

Богу НЕ НУЖНА кровь для умилостивления. Дело вообще не в жертвах и пролитии крови, не в попытках умилостивить Бога, чтобы укротив Его гнев! Даже царь Давид понимал это в Ветхом завете еще ДО ТОГО, как пришёл Иисус! Дело было не в жертвах и всесожжениях, а в наших сердцах.

> Псалом 50:18 (Синод.) «Ибо жертвы Ты не желаешь, — я дал бы ее; к всесожжению не благоволишь».

Грех — это серьезно! Однако эта серьезность заключается не в самом суде, а в том, что он производит с нами. Повторюсь, грех — это серьезно, потому что именно он удаляет нас от Яхве, а не наоборот. Иисус пришёл ради потерянных, слепых и больных. Он пришёл спасти нас от наших грехов и смерти, чтобы мы могли стать новым творением и называться сынами Бога.

Яхве хоть и возложил грехи всего мира на Иисуса, однако это не то же самое, что излить Свой гнев на Него. Библия говорит, что это МЫ пытались убить Его, а не Божий гнев. Грех ослепляет нас и улавливает в свой липкий капкан. Поскольку наши сердца были заполнены ненавистью, мы ненавидели и Иисуса, когда Он был на земле. Это зло возрастало в сердце, наполняясь убийством, оно и пыталось уничтожить Его. Помимо всего прочего мы обвинили Яхве в том, что САМИ сотворили с Иисусом, но безумнее этого выглядит то, о чем предупреждал пророк Исайя. Он сказал, что все это произойдет еще до того, как придет Иисус!

> Исайя 53:3-6 (Дословный перевод BSB) «Он был презрен и умален пред людьми, муж скорбей и изведавший болезни, и мы отвращали от Него лице свое; Он был презираем, и мы ни во что ставили Его. Но Он взял на Себя наши немощи и понес наши болезни; а мы думали, что Он был поражаем, наказуем и уничижен Богом. Но Он изъязвлен был за грехи наши и мучим за беззакония наши; наказание мира нашего было на Нем, и ранами Его мы исцелились. Все мы блуждали, как овцы, совратились каждый на свою дорогу: и Господь возложил на Него грехи всех нас».

> *2 Коринфянам 5:21 (Дословный перевод BSB)*
> *«Ибо не знавшего греха Он сделал для нас*

(жертвою за) грех, чтобы мы в Нем сделались праведными пред Богом».

Иисус не мог просто забрать наш грех, так как без полной трансформации мы, сломленные грехом, продолжили бы творить беззаконие. Мы нуждались не в том, чтобы начать жизнь с «чистого листа», а в полном изменении нашей природы. Как только мы уверовали во Христа, мы стали новым творением — сынами Божьими и навсегда трансформировались в иной вид. Пути назад нет! С этого момента мы не просто люди, а пришельцы в этом мире. Мы больше не рабы, мы — святые! В буквальном смысле, становимся ОДНО с Самим Богом. Мы сораспялись и совоскресли со Христом! ВОЗМОЖНО мы все еще грешим, но даже если это и так, то теперь грех перестал быть частью нашей личности. Король тоже может вести себя как нищий, однако это не меняет того, кто он есть. Наша личность навечно и полностью изменена благодаря Христу. Точка! Мы ничего не можем к этому прибавить или отменить то, что сделал Иисус. Мы совершенно подобны Ему в своих способностях и, конечно, в том, как нас видит и любит Отец.

> *2 Коринфянам 5:16-18 (Синод.) «Потому отныне мы никого не знаем по плоти; если же и знали Христа по плоти, то ныне уже не знаем. Итак, кто во Христе, тот новая тварь; древнее прошло, теперь все новое. Все же от Бога, Иисусом Христом примирившего нас с Собою и давшего нам служение примирения».*

> *1 Коринфянам 6:17 (Синод.) «...А соединяющийся с Господом есть один дух с Господом».*

> *Иезекииль 36:26 (Синод.) «И дам вам сердце новое, и дух новый дам вам; и возьму из плоти вашей сердце каменное, и дам вам сердце плотяное».*

> *1 Иоанна 4:17 (Дословный перевод ESV) «...каков Он, таковы и мы в этом мире». (Внимание: этот стих написан после*

вознесения Иисуса, поэтому он относится к тому, какой Он СЕЙЧАС).

Ефесянам 2:6 (Дословный перевод NLT) «И воскресил со Христом, и посадил нас с Ним на небесах, потому что мы объединены со Христом Иисусом».

Теперь, когда мы имеем новую идентичность ВО Христе, будучи одно с Ним, какова наша цель? Какой смысл во всем этом? Если мы понимаем, что нам незачем ждать смерти, чтобы потом уйти на Небо и воссесть на облаках со Христом, тогда в чем суть?

Богу не нужны наши деньги. Ему не нужен рабский труд. Ему также не нужно наше поклонение. Богу на самом деле ничего не НУЖНО! Но все-таки есть то, что Ему хотелось.

Ему всегда хотелось иметь семью, и это принесло Ему огромную радость. Быть частью Божьей семьи — это самое ЛУЧШЕЕ, что может быть у нас! Радость, мир, жизнь, покой, приключение и ВЕСЕЛЬЕ — это и есть то самое невероятное счастье! Благая весть Евангелия на самом деле ХОРОШАЯ. Мы приглашены присоединиться к вечному танцу любви с Самим Яхве.

Заповеди Библии описывают то, кем мы уже являемся. ВСЕ повеления в них — это «возможности», а не «обязанности». Эти заповеди могут осуществляться только с помощью Иисуса. Когда мы становимся ЕДИНЫ с Ним, мы становимся воплощением самой Любви. Мы и ЕСТЬ любовь. Закон уже исполнен в Иисусе, и теперь НЕТ осуждения тем, кто во Христе.

Римлянам 8:1-4 (Дословный перевод TPT) «Итак теперь дело закрыто. Не остается никакого обвиняющего голоса осуждения против тех, которые соединены в пожизненном союзе с Иисусом Помазанником. Потому что «закон» Духа жизни, текущий через помазание Иисуса освободил меня от «закона» греха и смерти. Потому что Бог достиг того, чего закон не смог совершить, потому что закон был ограничен ослабленной человеческой природой. Однако Бог послал нам Сына Своего в человеческой форме, чтобы отождествиться с человеческой слабостью. Одетый в человечность, Божий Сын отдал Свое тело, чтобы оно стало приношением за грех, и чтобы Бог смог раз и навсегда осудить вину и силу греха. Поэтому теперь все праведные требования закона были исполнены через Помазанника, живущего в нас. И мы свободны жить не по плоти, но в динамической силе Духа Святого!»

1 Коринфянам 10:23 (Дословный перевод AMP)
«Все мне позволительно [т.е., морально законно, разрешено], но не все полезно или приносит выгоду; все мне позволительно, но не все созидает [характер] и назидает [духовную жизнь]».

Мы обладаем самым лучшим предложением и возможностью во всей Вселенной.

Мы — один дух с Ним в совершенном союзе и блаженстве! Мы приносим Небо и служение примирения всюду, куда б ни шли.

Все творение ждет с нетерпением, когда мы освободим его от проклятия греха. Все, что мы можем сделать для этого, будет исходить от результата дружбы с Иисусом, из состояния покоя в единения с Ним.

Мы не ждём смерти, чтобы сбежать на Небо. Вечная жизнь начинается с момента, когда мы выбираем Иисуса. Мы уже СЕЙЧАС находимся в вечности, и Бог направил нас как посланников, чтобы преображать всю землю и, чтобы она выглядела как наш настоящий дом — Небеса! Отношение с Иисусом — это альтернатива боли, болезни и смерти. И ЭТО действительно хорошая новость

Глава вторая

НАША НОВАЯ ИДЕНТИЧНОСТЬ

Итак, если мы не то, что нам заявляет религия, то кто мы — «христиане»? Вы понимаете, что даже Иисус никогда не называл нас так! Наша идентичность как изменилась с человека на «сын Божий». Мы восставали против всего Божьего, были слепыми, потерянными людьми с каменными сердцами, теперь же этот ветхий человек исчез, и его природа никогда не вернется к нам. Мы —НОВОЕ творение, новый класс существ (сыны Божьи), ЕДИНЫЕ с самим Иисусом! Слово «христианин» — это ярлык, который придумали нам язычники из Антиохии (Деяния 11:26). Мирские сообщества не нашли иного определения новому классу существ, которыми мы стали, поэтому назвали нас «христианами». Когда-то это слово означало отношения (что значит быть сыном Божьим), постепенно оно стало употребляться, вращаясь вокруг действий и обязанностей «христианина». Религиозные институты, внедрившиеся в наши круги, придали исполнению каких-то вещей более важное значение, чем возрастанию в ОТНОШЕНИЯХ, для которых мы были созданы.

Вот почему быть «христианином» может означать — попасть прямо в ловушку. Да, в ловушку. Определение «христианин» и то, как он должен выглядеть кардинально разнится в зависимости от культуры той или иной церкви. Например, одна церковь утверждает, что «хороший христианин» должен петь и танцевать во время прославления, а в церкви, находящейся через дорогу, вам скажут, что «хороший христианин» в это время должен быть в благоговении. Что же тогда верно? Ни то, ни другое! Иисус один тот же вчера, сегодня и вовеки. Он всегда был нацелен на ОТНОШЕНИЯ с нами, а не на попытки что-то от нас получить. В Эдемском саду Он желал отношений. Придя на землю во плоти, Он строил отношения с учениками и делает это по сей день: Иисус жаждет ОТНОШЕНИЙ! Это ученики сами хотели понять, как ДЕЛАТЬ дела Божьи. Привыкшие к учению религиозных институтов, требовавших служения и действий, они спрашивали у Христа как выполнять требования, которые, по их мнению, у Него были. Вот, что Он им ответил:

> Иоанна 6:28-29 (Дословный перевод NLT): Они ответили Ему: «Мы тоже хотим творить дела Божии. Что нам делать?» Иисус сказал им в ответ: «Вот единственное дело Божие, которое Бог хочет от вас: веруйте в Того, Кого Он послал».

«Веруйте в Того, Кого Он послал». Ученики спрашивали Иисуса о религиозных требованиях, а Он вместо ожидаемого ответа, сказал им подключать свои сердца. Наша новая сущность не вращается вокруг исполнения действий. Мы прежде всего СЫНЫ Всевышнего. Только после того, как мы разовьем в себе истинную природу, мы сможем действовать естественным образом на этом основании, принося Небеса на Землю во всем, что делаем! Есть легкий способ отличить религиозные и настоящие отношения с Богом – первая беспокоится об их внешнем облике, а вторые обращают взгляд внутрь — на сердце. Давайте сейчас исследуем некоторые стихи Библии, которые разоблачают религиозные утверждения о нас, и посмотрим, что об этом на самом деле говорит Писание! Читайте их медленно, впитывая каждое слово.

Бог сотворил нас и назвал нас ХОРОШИМИ, а не жалкими грешниками:

> Бытие 1:31 (Синод.) «И увидел Бог все, что Он создал, и вот, <u>хорошо весьма»</u>.

> Ефесянам 1:4-5 (Дословный перевод NLT) «Еще прежде создания мира Бог <u>возлюбил</u> нас и <u>избрал</u> нас во Христе, чтобы мы были святы и непорочны в Его глазах. Бог решил заранее усыновить нас в Свою собственную семью, приблизив нас к Себе чрез Иисуса Христа. Вот что Он хотел сделать, и это доставило Ему

великое удовольствие». [Подчеркивание автора]

Бытие 1:27 (Синод.) «И сотворил Бог человека по образу Своему, по образу Божию сотворил его; мужчину и женщину сотворил их».

Псалом 138:14 (Синод.) «Славлю Тебя, потому что я дивно устроен. Дивны дела Твои, и душа моя вполне сознает это».

Ефесянам 2:10 (Дословный перевод ESV) «Ибо мы — Его творение, созданы во Христе Иисусе на добрые дела, которые Бог приготовил заранее, чтобы мы ходили в них».

Внимание! Яхве никогда не творил непригодные или сломленные вещи. Он творит, ХОРОШО, УГОДНО, ПРЕКРАСНО и НАМЕРЕННО.

Мы были потеряны и слепы:

Ефесянам 2:13 (Синод.) «А теперь во Христе Иисусе вы, бывшие некогда далеко, стали близки Кровию Христовою». [Подчеркивание автора]

Ефесянам 5:8 (Синод.) «Вы были некогда тьма, а теперь — свет в Господе: поступайте, как чада света». [Подчеркивание автора]

Ефесянам 4:22-24 (Синод.) «Отложить прежний образ жизни ветхого человека, истлевающего в обольстительных похотях, и обновиться духом ума вашего и облечься в нового человека, созданного по образу Бога, в праведности и святости».

Иезекииль 36:26 (Дословный перевод BSB) «И дам вам сердце новое, и дух новый вложу в вас; и уберу из плоти вашей сердце каменное, и вложу в вас сердце плотяное». [Подчеркивание автора]

Римлянам 5:8 (Синод.) «Но Бог Свою любовь к нам доказывает тем, что Христос умер за нас, когда мы <u>были</u> еще грешниками». [Подчеркивание автора]

Внимание! Мы были потеряны, слепы и больны. Но Бог сотворил нас не такими, поэтому как только мы избираем Иисуса мы возвращаемся к своему первоначальному славному состоянию.

Мы теперь:

Галатам 3:26 (Дословный перевод ESV) «Ибо во Христе Иисусе все вы <u>есть</u> сыны Божии по вере». [Подчеркивание автора]

Галатам 3:28 (Синод.) «Нет уже Иудея, ни язычника; нет раба, ни свободного; нет мужеского пола, ни женского: ибо все вы <u>одно</u> во Христе Иисусе». [Подчеркивание автора]

Иоанна 15:15 (Синод.) «Я уже не называю вас рабами, ибо раб не знает, что делает господин его; но Я назвал вас друзьями, потому что сказал вам все, что слышал от Отца Моего». [Подчеркивание автора]

1 Петра 2:9 (Синод.) «Но вы есть род избранный, царственное священство, народ святой, люди, взятые в удел, дабы возвещать совершенства Призвавшего вас из тьмы в чудный Свой свет». [Подчеркивание автора]

1 Коринфянам 12:27 (Синод.) «И вы есть тело Христово, а порознь — члены». [Подчеркивание автора]
1 Коринфянам 6:17 (Синод.) «А соединяющийся с Господом есть один дух с Господом».

1 Иоанна 3:1 (Дословный перевод ESV)

«Смотрите, какую любовь дал нам Отец, чтобы нам называться детьми Божиими; ими мы и <u>являемся</u>». *[Подчеркивание автора]*

Ефесянам 2:19 (Дословный перевод ESV) «Итак вы уже не чужие и не пришельцы, но вы <u>есть</u> сограждане святым и члены Божьего дома». *[Подчеркивание автора]*

1 Иоанна 4:17 (Дословный перевод ESV) «... потому что какой Он, такие и <u>мы есть</u> в мире сем». *[Подчеркивание автора]*

Мы имеем:

1 Коринфянам 2:16 (Дословный перевод NLT) «Ибо кто знает Господни мысли? Кто знает достаточно, чтобы учить Его? А мы понимаем эти вещи, потому что <u>мы имеем разум Христов</u>». [Подчеркивание автора]

1 Петра 2:24 (Дословный перевод NLT) «Он грехи наши Сам вознес в теле Своем на древо, дабы мы, умерев для грехов, жили для правды: ранами Его <u>вы исцелились</u>». *[Подчеркивание автора]*

Ефесянам 2:6 (Синод.) «И <u>воскресил нас</u> с Ним, и <u>посадил нас</u> на небесах во Христе Иисусе...» *[Подчеркивание автора]*

Ефесянам 1:3 (ESV) «Благословен Бог и Отец Господа нашего Иисуса Христа, <u>благословивший</u> нас во Христе <u>всяким духовным благословением в небесах</u>». *[Подчеркивание автора]*

Внимание! Заметьте, что в этих стихах употребляется прошедшее время. Это означает, что всё уже совершено, но не вашей силой или хорошими делами — это дар, подаренный вам целиком и полностью.

Эти стихи говорят о нас! Они описывают и объясняют, кто мы ЕСТЬ! Наша настоящая сущность как сынов Божьих была определена и оплачена еще при основании земли, и она не изменится даже при неправильном выборе и действиях. Сын остается сыном вне зависимости от своих поступков. Если ребенок начнет вести себя как кошка, разве это изменит его сущность и превратит его в кота? Конечно же нет! Наши действия никак не меняют наше естество! План искупления Иисуса больше, чем любые действия или ошибки, которые мы совершаем.

Надеюсь, вы уделите достаточно времени, чтобы впитать процитированные в данной главе стихи. Советую перечитывать их снова и снова до тех пор, пока ваши сердца в них не поверят. Предлагаю вам спрашивать лично Иисуса о смысле каждого из этих стихов. Попросите Его рассказать, что они означают, и как это применимо к вашей жизни. Слово переполнено стихами, которые ясно показывают суть евангелия и того, кто мы есть. Я молюсь, чтобы вы начали анализировать, чему и как учила вас религия. Религия — это враг, лжец и вор!

Для нас приготовлено еще много всего, во что мы ещё даже не входили! Евангелие — это не скучно! Нам определенно не нужно ждать смерти, чтобы испытать ЖИЗНЬ В ИЗОБИЛИИ! Когда мы начнем жаждать этой изобильной жизни и поймем, что она уже принадлежат нам, тогда и начнется процесс нашей трансформации.

Глава третья

ПРОЦЕСС ПРЕОБРАЖЕНИЯ

Итак, мы спаслись, выбрали Иисуса и теперь едины с Ним. СТОЛЬКО всего изменилось… однако не все. Мы все еще продолжаем обижаемся, впадаем в депрессию, боимся, но почему? Каким образом это происходит, если мы едины с Иисусом, а Он не боится и не обижается? Половина Нового завета утверждает: «свершилось»; «мы новое творение» или «мы посажены на Небесах». Другая его половина, в таких стихах как: «пленяйте помышления», «постарайтесь войти в покой», «обновляйте свой разум, чтобы преобразить свою жизнь» выглядит так, будто еще ничего не сделано.

Так все-таки свершилось или нет? Наша трансформация завершена или нам нужно еще что-то делать? ЭТО вопрос, на который мы будем отвечать в данной главе.

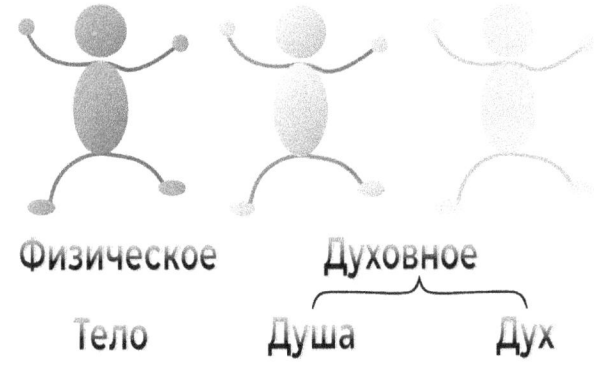

Физическое   **Духовное**

Тело   **Душа**   **Дух**

Мы — существа, состоящие из трех частей и живущие в трех измерениях. Одна часть видимая (тело), одна часть частично видимая (душа), а еще одна невидимая часть (дух). Я называю душу частично видимой, потому что она измерима на физическом уровне в виде электричества. Эти три части составляют наше существо, вне зависимости от нашего осознания их реальности, роли и процессов.

Тело описать легче всего, поскольку оно представляет собой физическую часть нашего существа. Это та составляющая, с которой мы знакомы больше всего, и которую мы постоянно осознаем. Тело позволяет нам быть руками и голосом Небес или ада на этой земле. Большая часть сознательной жизни человека проводится на чрезмерной сосредоточенности на своем теле, которое существует в третьем измерении. Хотя дух и душа такие же части нас, большинство людей не в курсе этого. Мы так быстро соглашаемся с врагом и его замыслами в отношении себя, потому что не понимаем, что его тактика нацелена именно на нашу душу.

Дух — это наше тело, живущее в духовном мире. Его нельзя обездвижить или повредить. У всех верующих людей эта часть сущности представляет собой ОДИН дух с Иисусом. В тот момент, когда мы избираем Иисуса, наш дух меняется навсегда путем единения с Самим Богом в вечном танце любви! Все стихи, упомянутые в предыдущей главе, как раз объясняют эту новую реальность, уже существующую в нашем духе, и что она ДЕЙСТВИТЕЛЬНО свершилась. Мы ЕСТЬ новое творение, посаженное на Небесах! Разделы второй главы «мы имеем» и «мы сейчас» — это текущая реальность нашей нынешней духовной жизни с Иисусом.

Что касается ДУШИ, она связывает тело и дух, как мост между двумя измерениями. Душа также представляет собой часть нашей сущности, включающую в себя свободную волю, мысли и эмоции. Когда мы рождаемся, душа берет на себя функцию управления: наша судьба и та реальность, в которой мы живем, определяется нашими внутренними убеждениями. Это та сфера, за которую МЫ в процессе нашего преображения ответственны сами, так как именно в душе помещена наша свободная воля. Я объясню.

В тот момент, когда мы получаем спасение, наш дух становится ОДНИМ духом со Христом. Наша сущность изменилась на постоянной основе. Мы были бессильны спасти самих себя. Для полного преображения нам нужен был Спаситель, и Иисус нас спас! Мы получили наилучшее предложение во всей вселенной: стать ОДНИМ духом с

Самим Богом и присоединиться к вечному танцу любви! Однако Богу не нужны были роботы. Каким-то образом Иисусу необходимо было сохранить нашу свободную волю. Именно поэтому Он предложил нам стать едиными с Ним и вложить в нас Свой собственный Дух, который дает силы на всё. Наше единение со Христом — это наше изобилие, наша целостность, наша победа, наша сила и наш якорь. Так что Иисус СПАС нас и дал силы в духе, одновременно сохранив свободу выбора в душе. Итак, теперь мы имеем в духе силу от ИИСУСА на всякое дело, НО в каждый момент времени за душой остается выбор во всех ее областях. То, каким образом Иисус спас нас, одновременно сохранив нашу свободную волю, поистине гениально!

Так что нет противоречия между упомянутыми в прошлой главе стихами — и те и другие на 100% процентов истинны и существенны!

- «...и пленяем всякое помышление в послушание Христу...» *2 Коринфянам 10:5 (Синод.)*
- «...преобразуйтесь обновлением ума вашего...» *Римлянам 12:2 (Синод.)*
- Или «...постараемся войти в покой оный...» *Евреям 4:11 (Синод.)*

В Писании нет никаких противоречий, нам просто нужно откровение о том, что говорит Бог! Он настолько велик, настолько благ, что в Своей способности полностью спасти нас и дать нам силу, одновременно сохраняет свободу нашей воли! Когда мы обновляем свой разум, тогда сила единения с Иисусом в духе течет из нашей души и тела. Обновление ума — это перемена мышления и взгляда на жизнь с человеческой точки зрения на точку зрения сынов Божьих.

В нашем духе уже есть сила, ключ к которой находится в нашей душе. Именно она решает, с чем ей согласиться — с силой и реальностью духа или с болью и посланиями человеческого мышления. Чем больше душа соглашается с истиной о том, что было сделано Иисусом в нашем духе, тем быстрее она вместе с телом преображается той жизнью, которая уже есть внутри нас. Травма, боль и вера в ложь влияют на нашу душу так же, как бактерии заражают рану. Неисцеленная боль начинает поражать нашу душу, влияя и на физическое тело. Доктор Кэролайн Лиф смогла научно доказать, что физическая боль синхронизируется с душой 6 раз в минуту! В этот момент происходит синхронизация тела с тем, во что верит, о чем думает, и что чувствует душа. На основании состояния здоровья души мозг начинает высвобождать в тело либо исцеляющие, либо разрушительные химические вещества.

Представьте свою душу как «недвижимость». Когда она сильно ранена, то боль ее сломленности будет занимать какую-то часть территории этой «недвижимости». У боли есть право голоса на то, как мы воспринимаем и реагируем на окружающий жизнь. Если большая часть «недвижимости» нашего сердца верит в ложь и находится в боли, тогда это и будет из него сочиться. Однако если большая часть сердца исцелена и верит в истину, мы начинаем действовать как дающий жизнь дух, который у нас уже есть. Только перестав реагировать на то, что происходит вокруг, мы можем жить, оказывая мощное влияние и производя изменения в мире, чтобы он был похож на Небеса.

Проще говоря, все сводится к следующему: когда Бог что-то говорит нам, сатана одновременно наговаривает противоположное. Мы находимся между ними посередине, решая кому поверить, и делаем это подсознательно каждую минуту. Я призываю вас обращать внимание на свои мысли и быть целенаправленными в том, с чем вы соглашаетесь, потому что если сатана заставит нас согласиться со своей ложью, то он сможет влиять на наши мысли, волю, эмоции и действия <u>даже после того, как вы получили спасение</u>!

Чем больше мы верим в то, что говорит Бог, тем больше наша жизнь преображается тем изобилием жизни, которое УЖЕ существует в нашем духе, едином с Иисусом. У нас есть все, что есть у Него: совершенный мир, все решения, целостность (шаг, следующий за исцелением), мудрость (не по годам), безграничное обеспечение и многое другое! Если все это уже совершено в нашем духе, нам остается только убедить свою душу, что нужно просто в это «слепо» ПОВЕРИТЬ.

Однако выбрать веру сложнее, чем кажется. Для сломленной и израненной души Истина звучит как нечто чуждое и обидное, поэтому требуется вера, чтобы намеренно поверить в то, для чего даже нет сил. Наша душа склонна помнить боль, причиненную ей в прошлом этим сломленным миром: ей КАЖЕТСЯ оправданной ложь, что ей есть чему стыдиться и отчего чувствовать отверженность; ЧУВСТВА говорят, что ложь нищенского мышления истинна, а ОЩУЩЕНИЯ диктуют, что поддерживая иллюзию контроля и построив стены, она сможет защититься от ещё большей боли. Однако она ошибается! Капитально ошибается! Наша душа всегда пытается осмыслить сломленный мир, поэтому находясь в боли и слепоте, она считает ложь врага «логичной».

Легко объяснить, что такое обновление ума, но сложнее осуществить его. Если бы освободиться от боли и рабского мышления было так легко, все бы это делали. Никто НЕ ХОЧЕТ жить в боли, однако большинство к ней слишком привыкли, либо просто боятся посмотреть ей в глаза. ЭТО самая сложная часть процесса: мы получаем свободу и исцеление только тогда, когда наша душа сталкивается с самыми большими мучениями, продолжая «слепо» верить в то, что Иисус достаточно велик, чтобы со всем этим разобраться. Невероятно сложно и даже ужасно смотреть в лицо своей боли и демонам. Я знаю это, потому что сама переживала подобное множество раз и по-разному, НО я могу сказать вам, что позволить Иисусу исцелить глубочайшие раны своей души всегда стоит той цены за страх столкнуться с этим снова! Иисус ДЕЙСТВИТЕЛЬНО имеет достаточно могущества, и Он тот, кем Себя называет. Возможность оказаться по другую сторону боли и увидеть доступные для нас свободу и жизнь, абсолютно стоит того, чтобы посмотреть в глаза своей боли и страху.

Я пережила изнасилование, прошла через выкидыш и другие большие потери. Годами я пыталась справиться с ночными кошмарами, отверженностью, предательством и сильной сердечной болью по разным причинам. Я пережила сильнейший нервный срыв с психиатрическими последствиями, и долго боролась с физическими и эмоциональными триггерами. Было ощущения, что я иногда жила как в аду, но знаете что? Несмотря на весь этот опыт, я теперь не ношу внутри себя ни шрамов, ни воспоминаний от них. Я больше НЕ жертва, а та боль, которую я когда-то испытывала — это НЕ ТО, кем я являюсь сейчас. Я делюсь с вами этими фактами лишь для того, чтобы вы ощутили весомость того, о чем я пишу. Вы можете стать целостными! НИЧТО из того, с чем вы сталкиваетесь, не может быть больше, чем способность Иисуса исцелить и восстановить вашу целостность. Для большей ясности повторю, что одна из частей вашего существа УЖЕ абсолютно здорова…

просто ваша душа в это еще не верит.

Иисус — целостный, а вы с Ним едины. Иисус не болен, поэтому и вы исцелены. У Него нет недостатка ни в чем, поэтому и вы сейчас находитесь в изобилии. В Нем нет тьмы, так что и вы наполнены светом и здоровьем. Страдающей душе подобные заявления читать <u>болезненно и обидно.</u> Однако если вы решитесь продолжить несмотря на эти чувства, вы сможете начать путь ИЗ тьмы и боли в исцеление. Переживая обиду и боль большинство людей останавливаются и прекращают двигаться дальше. Им проще засунуть боль обратно в ту коробочку, в которой она хранилась до того момента, как что-то ее запустило. Дело в том, <u>что боль остается там в той же мере, какой и была,</u> пока вы не разберетесь с ней.

Триггеры демонстрируют нашу внутреннюю реальность, которая до их проявления была сокрыта от нас, хотя существовала всегда, иначе они бы нас не задевали! Поэтому, как бы вызывающе это ни звучало, каждый триггер на самом деле — драгоценное приглашение к свободе! Вещи, настолько глубоко закопанные и сокрытые в подвалах нашей души, о существовании которых мы даже не подозревали, выходят на свет только тогда, когда нас что-то задевает. Если каждый раз, как это происходит, мы приносим вопросы о триггерах к Иисусу, то это становится прекрасной возможностью освободиться от спрятанной когда-то боли! То, что враг планировал оставить как свои зацепки, чтобы сокрушить нас, Иисус использует для нашего прорыва и исцеления!

Это непростой путь, но благодаря Иисусу он становится возможным. Невероятно тяжело смотреть в лицо своей боли и выбирать верить во что-то новое, противоречащее нашему опыту. В такие моменты КАЖЕТСЯ, будто враг говорит нам правду, а слова Иисуса — бессмысленны. Это происходит потому, что наша душа ослеплена и оглушена страданиями, поэтому, когда мы все-таки устремляемся в это путешествие, у нее появляются вопросы: как может быть достаток, когда я видел столько недостатка? Как я могу быть исцелен, когда все еще чувствую боль? Как можно испытывать радость, когда в душе скорбь? Неужели страх может лгать?

Сатана <u>всю нашу жизнь</u> пытается убедить, что его ложь — это факт. Мало того, зачастую мы так обманываемся в своей боли, что она становится нашим другом или комфортной зоной, депрессия кажется мрачным приятелем, который всегда рядом, а контроль и злость — лучшими помощниками в том, как найти свой путь в большом пугающем мире, тогда как бедность «помогает» обращаться «мудро» с деньгами. И этот список нескончаем.

До встречи с Иисусом мы жили в этом мире, ощущая лишь разбитость и боль. Исходя из своего личного восприятия, мы испытывали недостаток, боль и болезнь. Мы вкушали их, спали с ними, вдыхали их, и видели во всем, что нас окружает. Сломленные люди исказили евангелие, чтобы хоть как-то объяснить свою боль и сокрушенность этого мира. Вера в истинность того, что говорит Иисус, бросает вызов всему, что мы знали когда-либо раньше. Да, легче было извратить евангелие, чем бросить вызов своей собственной боли, но Иисус говорит, что у нас во всем есть достаток! Он утверждает, что мы исцелены и уже благословлены всяким духовным благословением, но мы всего этого еще не пережили. Каждая истина и концепт Царства выходит за рамки естественного мира. Слова Иисуса противоречат «естественным» законам, потому что Он учит и живет, исходя из ВЫСШЕЙ реальности... и Он приглашает нас жить в этой высшей реальности с Ним. Многие люди, получив спасение, застревают в развитии своей души, потому что не хотят или не знают, как полностью довериться Иисусу. Чем чаще мы выбираем верить словам Христа о своей жизни, а не лжи врага, тем больше исцелений и сверхъестественных вещей мы увидим.

В своей жизни я столкнулась с серьезной болью. Отчасти я переживала ее потому, что не доверяла Иисусу, но были случаи, когда я встречалась с болью, веря в Его слова. Разница была колоссальной! Я пережила много душевных травм, которые повсюду носила с собой. Эта боль, как гноящаяся рана, влияла на все сферы моей жизни, пока я впервые не встретилась со Христом. Когда у меня появились отношения с Иисусом, Он задним числом исцелил боль моего прошлого и убрал все ее негативные последствия! Его исцеление было настолько мощным, что исчезли даже воспоминания о травмах. Когда сейчас я оглядываюсь на них, я вижу лишь как Иисус улыбается мне. Еще более невероятно то, что Господь научил меня проходить через боль ВМЕСТЕ С Ним. У Него достаточно могущества, чтобы ежеминутно исцелять все болезненные моменты! Вместо того, чтобы позволить этому миру сломить себя, я решилась пройти долину тьмы вместе с Ним — Самим Светом и Исцелением. Иисус не обещал легкой и безболезненной жизни, наоборот Он даже гарантировал тяжелые времена особенно верующим. Однако все, с чем мы столкнемся, Он переворачивает с ног на голову и обращает нам во благо. Он достаточно велик! У Него есть решение для всего, что мы переживаем. Так что мы можем идти сквозь долину смертной тени и не бояться, потому что Он всегда рядом в единстве с нами. Он сражается за нас и приносит Свет в самые темные уголки.

> Иоанна 16:33 (Дословный перевод BSB) «Сие сказал Я вам, чтобы вы имели во Мне мир. В мире будете иметь скорбь; но мужайтесь: Я победил мир».

И Иисус, и сатана оба знают, что произошло во время воскресения. Теперь весь духовный мир ясно понимает, кто мы есть, и что несем в себе благодаря Иисусу. Единственные, кто все еще пытаются это осознать — мы сами. ОСОЗНАНИЕ и есть путь нашего преображения. Наше путешествие начинается с решения согласиться с тем, что говорит Иисус, и с тем, что Он уже сделал для нас. Путь — наш окончательный выбор поверить, что сатана лжец, чьи поступки и слова направлены на наше уничтожение, и затем что Иисус всегда говорит правду. Каждую минуту перед нашей душой будет стоять свободный выбор: согласиться с ложью сатаны или с истиной Иисуса. То, во что мы выбрали верить в каждый конкретный момент, определяет реальность, в котором будет жить наша душа, и что будет происходить в окружающем мире. Это очень мощная вещь! Вообще, не так давно Иисус сказал мне, что нет ничего более могущественного во всей Вселенной, чем сказать Ему «да», а также ничего более разрушительного и равнозначного по силе, чем «нет» в ответ Ему. В каждый конкретный момент мы решаем, КОМУ мы поверим, так как от этого зависят последствия нашего влияния на окружающий мир.

Итак, КАК узнать, во что верит наша душа? С чего начать путь обновления своего ума? Существуют языки, на которых наше сердце общается с нами, они показывают, во что оно верит. Однако, большинство из нас не распознает и не понимает этих внутренних посланий, между тем наше физическое тело, душа и дух ведут между собой довольно обстоятельный диалог (ниже я привожу список, как коммуницирует душа). Когда мы научимся понимать сообщения своей души, мы сможем приносить Иисусу те части своего существа, которые нуждаются в исцелении и слове Истины.

Язык МЫСЛИ

Первое, что показывает, во что на самом деле верит наше сердце, это наши мысли. Они имеют огромную силу, они важны, потому что влияют на нашу жизнь, на добро или на зло. Мысли развиваются по следующей модели:

- Наши мысли становятся действием.
- Наши действия становятся привычкой.
- Наши привычки становятся нашей судьбой.

Мысли влияют на все сферы нашей жизни и на окружающий мир. Они открывают ключевые убеждения сердца, именно поэтому нам сказано пленять ВСЕ помышления в послушание Христу. Жизненно важно обращать внимание на то, что мы думаем!

Язык ЧУВСТВ

Наши чувства и эмоции — это неплохо! Это данные Богом индикаторы происходящего внутри. Они как термометры, рассказывающие о нашем душевном здоровье. Чувства — это не что-то плохое. Они просто обнажают состояние нашего сердца, и то, с чем оно соглашается. Например, ощущение одиночества может стать указателем, что мы верим в ложь об одиночестве или не верим в то, что соединены с Иисусом, Яхве и Духом Святым в вечном танце.

Язык ДЕЙСТВИЙ

Наши поступки также показывают, во что мы верим. Каждый раз, когда мы не поступаем подобно Иисусу, мы проявляем ту часть своей души, которая не ходит в здоровье и полноте, приготовленными для нас Богом. Ими могут быть: злоупотребление вредными веществами для заглушения боли, вербальные всплески негатива или просто боязнь говорить перед людьми. Хорошее или плохое — каждое действие показывает, во что верят наши сердца о себе, Боге и мире вокруг.

Чтобы преобразиться, мы должны обратить внимание

на язык своей души и изменить негативные убеждения. Первый шаг — начните обращать внимание на то, что говорит душа! Чем больше вы будете соглашаться со словами Иисуса, тем быстрее она преобразится. Как только вы решитесь посмотрите в лицо своей боли и преодолеть ее и ее ложь, вы тут же обнаружите рядом Иисуса — достаточно великого, чтобы принять любой вызов и вступить в борьбу до победы. ЕГО сила проведет вас через это. ОН понесет ваше бремя, а вы просто соглашаетесь с Ним в том, что Он уже сделал, намеренно смотря в лицо своим глубочайшим страхам и боли.

> Откровение 3:20 «Я стою у двери и стучу: если кто услышит голос Мой И отворит дверь, войду к нему и буду иметь <u>глубокую и блаженную близость</u> с ним, и он со Мною». (Перевод автора — объяснение в следующем абзаце).

Большинство переводов имеют слово «вечерять» вместо фразы «глубокая и блаженная близость», хотя греческое слово «дейпнео», которое они переводят, не означает физическое поедание пищи! Оно подразумевает глубокую и приятную близость, которую разделяют самые близкие друзья или любовники. Этот стих был написан устоявшейся ЦЕРКВИ и предназначался ВЕРУЮЩИМ как приглашение в отношения глубокой блаженной близости! Однако даже будучи верующими, многие люди оставляют Иисуса за стенами своих сердец. Господь стучит в двери нашей души, ожидая, чтобы мы не только услышали Его голос, но ОТКРЫЛИ двери и впустили Его. Если мы это сделаем, то для нас это будет самым лучшим и приятным временем, однако выбор за нами! Так что вы сделаете? Впустите ли вы Иисуса и выберете ли Его вместо лжи и боли?

Глава четвертая

ВЗАИМОДЕЙСТВИЕ С ЯХВЕ

Поговорим о том, КАК обновлять свой разум. Разум — удивительный инструмент, который Бог тщательно и умело создал для нас. В разуме записывается все, что с нами происходит, как болезненное, так и радостное. Удивительно, когда мы обновляем свой разум и позволяем Иисусу нас исцелять, даже болезненные вещи прошлого могут получить ретроспективное искупление и исцеление — и физически, и в душе! Существует множество способов обновлять свой разум и исцеляться, однако в данной главе я освещу свои самые любимые.

Существует два ключевых фактора понимания обновления мышления.

1. Во-первых, обновления ума НЕ достигнуть путем простого размышления. Знание в голове не помогает, да и не способно помочь душе исцелиться. То, что голова «знает» что-то, не веря в это по-настоящему, приводит душу только к разделению и разочарованию. Религия дает нам знание без откровения, именно поэтому мы остаемся неизмененными. Я объясняю это так: мозг принимает решения и выбирает функции на основании того, что он видит в третьем измерении (в котором, кстати, мы можем ВИДЕТЬ только около 1% светового спектра, поэтому ОЧЕНЬ МНОГОЕ нам невидимо), душа же четырехмерна. Поэтому ВСЕ, в чем наш мозг пытается убедить душу, не будет дотягивать до ее уровня. Знание в голове и «понимание» мозгом никогда не смогут послужить душе или убедить ее в чем-либо, потому что они действуют в более низком

измерении. Наша душа нуждается во встрече с Яхве от сердца к сердцу, чтобы получить преображение и исцеление.

2. Во-вторых, чтобы обновить разум, мы ДОЛЖНЫ разобраться (а не уклониться) с неправильными убеждениями и мыслями. Представим, что эта банка — наш разум, а шарики в ней — это наши мысли. Когда у нас возникает мысль, мы как бы сосредотачиваемся на одном из шариков в банке. Теперь представим, что коричневые шарики — это неправильные мысли. Большинство людей в попытке изменить свое мышление, сосредотачиваются не на коричневом шарике, а каком-то другом. Они лишь меняют фокус того, о чем думают, НО не <u>преображают</u> саму неправильную мысль. Этот коричневый шарик все еще находится внутри и занимает место в их разуме. Уклонение не приносит преображения. <u>Единственный способ ОБНОВИТЬ свой разум — это заменить тот самый коричневый шарик на новый цветной от Иисуса.</u>

Римлянам 12:2 (Синод.) «И не сообразуйтесь с веком сим, но преобразуйтесь обновлением ума вашего, чтобы вам познавать, что есть воля Божия, благая, угодная и совершенная».

2 Коринфянам 10:5 (Дословный перевод ESV) «*Мы уничтожаем аргументы и всякое превозносящееся мнение, восстающее против познания Божия, и пленяем всякое помышление в послушание Христу*».

КАЖДАЯ мысль должна пройти проверку на истинность. Мы знаем, что многие из наших мыслей «неправильны», однако есть немало других, которые также неправильны, но мы их не распознаем. Мы СОВЕРШЕННО слепы на многое, что является ложью, пока это не выходит на проверку на Свет. Например, религия переименовала некоторые страхи, назвав их «мудростью». Следовательно, многие мысли, которые мы считаем «мудростью», на самом деле страх — просто с новым имиджем. Ложь, переименованная в истину, возможно БОЛЕЕ вредоносна, потому что мы не осознаем разрушений, которые она приносит. Вот почему нужно пленять каждое помышление для Христа.

Приносить все к Иисусу — это ключ и первый шаг к обновлению мышления. Стратегия заключается в том, чтобы нам, научившись приносить всё Иисусу, перейти в состояние ПРЕБЫВАНИЯ в любви ИЗ соединения с Ним. Мы уже присоединились к вечному танцу любви. Однако большинство из нас живут сиротами, попрошайничающими о крошках с религиозного стола. Обновляя свой разум, мы узнаем истину о том, кто мы есть, и это преображает нашу жизнь и окружающий мир.

Теперь перейдем к двум моим любимым способам обновления ума.

Отправиться на инкаунтер

Инкаунтер — это слово, которое я использую, чтобы описать любое наше сознательное взаимодействие с Иисусом. Я специально использую слово «сознательное», потому что мы на самом деле постоянно бессознательно взаимодействуем то с Богом, то с врагом, просто наша душа этого не осознает. Наш дух и Божий дух — ОДНО... поэтому, конечно, они постоянно взаимодействуют! Наша душа просто не научилась соединяться с тем, что уже происходит в нашем духе. Сближение с Богом и постоянное взаимодействие с Ним тренирует душу подключаться к внутренней реальности. Я называю это инкаунтером, но это также можно назвать молитвой, общением и т.д. Название не имеет значения. Не цепляйтесь к семантике, потому что суть все равно одна — мы выбираем сознательно и намеренно соединяться с Иисусом в личных отношениях. А наличие близких личных отношений со Христом — это самое важное для любого верующего.

Самая распространенная ложь, в которую верят люди, в том, что они не могут слышать или видеть Бога. Как это возможно, если мы ОДНО с Ним? Хотя мы может быть не способны видеть или слышать Иисуса своими физическими органами восприятия, наш дух полностью соединен с Ним. Наша душа провела большую (или всю) часть жизни, сосредоточившись на одном из трех измерений, в которых мы живем. <u>Мы все — многомерные существа с телами, находящимися одновременно во множестве измерений.</u> Наш дух в духовном мире посажен на Небесах (множественное число), а наши тела находятся в физическом мире.

> *2 Коринфянам 4:18 (Синод.) «Когда мы смотрим не на видимое, но на невидимое: ибо видимое временно, а невидимое вечно».*
>
> *2 Коринфянам 5:7 (Синод.) «ибо мы ходим верою, а не видением».*
>
> *Евреям 11:1 (Синод.) «Вера же есть осуществление ожидаемого и уверенность в невидимом».*

Путь преображения и даже становления верующим требует от души наличия ВЕРЫ в духовный мир, в его существование и превосходящую другие измерения реальность. Встреча с Богом меняет перспективу души и ее реальность с <u>земного</u> (плотского) мышления на <u>Небесное</u>. Душа формирует все, во что она верит, вокруг своего опыта «вкуса, осязания и зрения» там, где живет. Ослепленные болью и сломленностью души людей решили для себя, как работает этот мир и построили вокруг этих идей свои убеждения, в  которых они живут вне зависимости от того, правильные они или нет. Вот почему так важно преображать мышление! Наша душа фильтрует то, как мы воспринимаем мир вокруг себя на основании своей системы убеждений.

Например, если душа верит, что она не может видеть или слышать Бога, тогда она будет действовать как человек на этой картинке. У нас <u>есть</u> глаза и <u>есть</u> уши… Просто мы выбираем не слышать и не видеть, ТОЛЬКО потому, что верим в <u>ложь</u> о том, что не можем слышать или видеть Иисуса. Наша душа фильтрует реальность на основании того, во что верит. Если мы считаем, что нас отвергнут, мы будем жить и повсюду сталкиваться с отвержением. С другой стороны, если мы верим, что любимы, то всю жизнь будем ощущать повсюду любовь — реальность одна, убеждения разные. Вот почему для преображения действительности <u>жизненно-важно</u> исправлять и исцелять убеждения души.

Если мы верим, что не можем слышать Бога, то в большинстве обстоятельств мы не услышим Его просто из-за того, что сами блокируем восприятие Его голоса (как на картинке). Это наш свободный выбор, а не желание Иисуса: Он стоит у двери и стучит. Каждая ложь, в которую верит душа, это препятствие, которое не позволяет нам жить в Небесной реальности. Когда вместо лжи врага мы выбираем верить тому, что говорит Иисус, тогда то, что мы видим и ощущаем, <u>начинает</u> меняться, потому что уходят эти препятствия. Любая ложь действует как фильтр для души, как если бы мы надели очки с сиреневыми линзами, и ВСЕ видимое вокруг стало казаться сиреневым. Но сиреневое ли оно на самом деле? Нет.

Бог достаточно ВЕЛИК, чтобы ответить на наши самые большие и страшные вопросы. Он ЖДЕТ приглашения в самые темные уголки нашей души, чтобы показать истину и исцелить нас! Бог хочет, чтобы мы были свободны от всего — от самой ничтожной маленькой лжи до самой большой и страшной вещи, преследующей нас. Он ждет, стучит в дверь нашего сердца, приглашает в глубокую и блаженную близость, превосходящую наши самые смелые мечты.

Обычно Иисус не приходит слышимым или физически ощутимым образом. Иисус есть дух, и большая часть нашего взаимодействия с Ним происходит в невидимом мире. Хотя Он совершенно точно мог бы открыться нам и в физическом мире, в вере, которую мы используем, чтобы общаться с Иисусом в духовной сфере есть некая красота и драгоценность.

Духовный мир НАМНОГО БОЛЕЕ реален и даже ощутим, чем этот трехмерный мир… мы просто это еще не осознали. Чем в большей осознанности мы живем по правилам и в реальности духовного мира, тем быстрее мы разрушаем правила и реальность третьего (физического) измерения: воскрешение мертвых, хождение по воде и умножение еды «невозможно» для этого мира, однако в духовной сфере это просто и элементарно [Евреям 6:1-2]. Духовный мир превосходит этот по всем параметрам: по законам, реальностям и функционированию. Чем больше мы начинаем жить ИЗ духовного мира (в котором уже существуем), тем более сверхъестественной будет наша физическая жизнь. Все это значит, что для нас драгоценно и ХОРОШО стремиться к сближению с Иисусом в духовной сфере, чем обижаться, что Иисус не говорит к нам слышимым образом и не проявляется в физическом измерении.

Мы можем выбрать доверие Иисусу, несмотря на отсутствие понимания Его методов, потому что порой Он намеренно делает то, что выходит за рамки нашего разумения. Его способы кажутся нелогичными, особенно когда мы впервые знакомимся с Ним, потому что в этот период мы меньше всего похожи на Него. Однако чем дальше мы продвигаемся по пути преображения, тем целостней становимся, и Его пути не выглядят такими чуждыми… потому что они тоже становятся нашими путями! Так что, во-первых, будет полезно намеренно верить, что Иисус знает лучше нас, и все, что Он делает, даже если это нас задевает, в наших наилучших интересах.

Вдобавок я хочу вдохновить вас набраться терпения и проявить к себе немного благодати, чтобы научиться взаимодействию с совершенно новой сферой. Для этого потребуется время, и обучение будет идти постепенно. Мы вступили в вечный танец любви, поэтому у нас не получится «во всем разобраться» за тот промежуток времени, который мы ожидаем. Проявите к себе терпение, поскольку вы большую часть жизни провели, осознавая и взаимодействуя только с физическим миром. Так же как вам пришлось учиться жить в этом мире (говорить, ходить, взрослеть, и т.д.), также придется пройти процесс обучения жизни в духовной реальности.

Медитация

Я люблю описывать медитацию как процесс маринования. Когда мы медитируем, мы как будто маринуемся в определенном восприятии или образе мыслей, а чем дольше мы в чем-то находимся, тем больше мы впитываем в себя вкус самого маринада. Медитации или размышления — эффективная вещь, вот почему она снова и снова упоминается в Библии.

> Псалом 118:15 (Дословный перевод ESV) «О заповедях Твоих я буду размышлять (медитировать), и пристально взирать на пути Твои».

> Исаия 26:3 (Дословный перевод ESV) «Того, чей разум сосредоточен на Тебе, Ты хранишь в совершенном мире, потому что он уповает на Тебя».

Осознаем мы это или нет, но мы и так постоянно медитируем (размышляем). Вопрос лишь в том, над чем мы медитируем? Мы можем медитировать о чем угодно — и о хорошем, и о плохом. Например, если мы зацикливаемся на мыслях о недостатке, страхе или непрощении, то мы медитируем над ЛОЖЬЮ врага. Эта ложь станет маринадом с плохим вкусом, который негативно повлияет на нашу жизнь. Можно испортить совершенно замечательное мясо, если замариновать его в яде. Наша душа решает, о чем ей мыслить. Когда мы выбираем размышлять о Небесном, тогда это придает вкус нашим мыслям, что положительно скажется на нашей жизни. Чем больше внимания мы обращаем на свои мысли, намеренно размышляя о чем-то, тем быстрее мы увидим перемены. Обновление мышления — это не попытка заполнить себя мыслями о чем-то другом, а это процесс маринования Божьим Словом даже перед лицом противоборствующих обстоятельств и обвинений. Избирая размышлять над Божьими обетованиями и Его истиной, мы целенаправленно выбираем мариноваться в чем-то хорошем. Такая медитация над истиной начнет наполнять всю нашу душу вкусом исцеления и жизни, а это обновит наш разум!

Отцы и матери веры были известны своими круглосуточными медитациями-размышлениями, зачастую простыми и короткими, однако эти люди позволяли этим простым, коротким фразам поглощать и преображать их. Даже что-то маленькое типа «Я любим, и являюсь воплощением Любви» может радикально преобразить нашу жизнь, если мы начинаем принимать эту фразу как истину.

Один из самых простых способов намеренно медитировать — это слушать проповеди или читать книги на конкретную тему. Найдите спикера/автора, который, как вам кажется, отражает Божье сердце, и слушайте послания на тему, в отношении которой вы обновляете свой разум. У меня есть целый список проповедников и посланий в разделе «Ресурсы» в конце данной книги. Те проповеди и книги, которыми я делюсь, это то, что я сама использовала для размышления и обновления своего ума. Слушая проповедь или читая книгу, я взаимодействовала с Яхве, чтобы увидеть, как это можно применить к своей жизни. Это было полезно также, потому что Яхве отсеивал все, что мне не предназначалось. Прослушав проповедь или прочитав книгу, я размышляла о том, что было сказано, и мариновалась в этом учении. Особо хорошие проповеди я слушала снова и снова… и каждый раз слышала в них новое!

Одна из сложностей медитации заключается в том, чтобы просто ВСПОМНИТЬ, что надо ею заняться! На Западе люди обычно такие занятые, что было бы полезно ставить себе напоминания. Хорошо также выяснить, КАКИМ образом вы лучше всего усваиваете информацию, и выбирать такие напоминания, которые больше всего подходят для этого. Существует множество способов напомнить себе намеренно сосредотачиваться. Вот некоторые идеи, которые помогли мне:

- Установите будильник на телефоне. Когда я действительно хочу что-то укрепить в своем сердце, я ставлю будильник на каждый час (или полчаса) с 9 утра до 9 вечера. Каждый раз, когда будильник звенит, я целенаправленно сосредотачиваю внимание на конкретном стихе или фразе. Я делаю это, пока не увижу изменение в мышлении (или действиях), показывающее, что я верю в то, над чем медитирую. Чересчур? Может быть. Работает ли это? Да. Если мы каждый час сосредотачиваем свое внимание на Истине, это совершенно точно начнет всё менять. Вам не обязательно делать это каждый час — просто мне это помогает.

- Используйте визуальные напоминания. Часто я меняю заставку на телефоне на ту фразу или истину, над которой размышляю. Я также люблю расклеивать стикеры по дому и в своей машине. Я носила резиновый браслет на руке или записывала эту фразу прямо на руке.

Идеи, как себе напоминать, безграничны. Вывод такой: на пути к исцелению я поняла, что важно медитировать над истиной и постоянно взаимодействовать с Иисусом. Эти две вещи я использовала и использую до сих пор в своем личном пути преображения. Когда я устраивала себе инкаунтеры, я разбиралась с ранами и ложью внутри себя. Затем я брала ту истину, которую обрела во время этого и держалась за нее, размышляла над ней, пока она не закреплялась в моей душе. Привычка приносить все Иисусу стала настолько естественной, что я начала делать это постоянно. Теперь я пребываю и живу в состоянии единства и соединения с Яхве, вместо того, чтобы взаимодействовать с Ним только когда мне больно. Однако прежде чем вы научитесь пребывать, начните с того, чтобы осознавать и намеренно делать это в душе. Тогда вы сможете возрастать в своей способности и сосредотачиваться так, что в вашей душе дольше будет оставаться это соединение.

Глава пятая

ТОНКОСТИ ВЗАИМОДЕЙСТВИЯ С ЯХВЕ

Эта глава представляет собой список подсказок и моих самых оптимальных объяснений, как взаимодействовать с духовным миром и встречаться с Яхве. Существует столько информации на данную тему — это в буквальном смысле совершенно новый мир. Представьте, как объяснить трехмерное измерение кому-то, кто живет в двумерном мире. Вы не сможете объяснить всё. В конечном итоге этому человеку придется самому решиться на взаимодействие с этой сферой, чтобы самостоятельно ее испытать. Я надеюсь, что эта книга еще больше направит ваше внимание на Иисуса и предоставит необходимые инструменты, чтобы взаимодействовать с Ним лично и реально. Следующая пара глав даст вам МНОГО насыщенной информации. У меня ушло больше десятилетия, чтобы это понять и научиться применять инструменты, описываемые в книге. Я воодушевляю вас прочитать эти главы, одновременно отдавая себе отчет, что для переваривания материала понадобится время.

Сначала выберете спокойное место для практики взаимодействия с Яхве. Наш мозг привык к постоянной стимуляции. Многие люди даже в туалет не ходят без телефона, потому что их мозг натаскан (а, вообще, зависим) на постоянную стимуляцию: игры, сообщения или соцсети. Неважно, что мы делаем на своем телефоне, суть в том, что мы приучили мозг постоянно и часто бездумно что-то делать. Поэтому я предлагаю выбрать место, где мало или совсем нет отвлекающих факторов, чтобы начать практику взаимодействия или сознательного сосредоточения на Боге.

> Псалом 45:11 (Синод.) «Остановитесь и познайте, что Я — Бог...» Или как сказано в переводе Passion Translation: «Замолчите и остановите свои попытки, и вы увидите, что Я - Бог...»

Первое, с чего нужно начать — это успокоиться, замолчать (в том числе и в мыслях) и сосредоточить свое внимание и намерение на Иисусе. Поначалу это сделать сложно, потому что наш разум не научен спокойствию. Мы постоянно листаем ленту или думаем. Хорошая новость в том, что, чем больше мы выбираем успокоиться и сосредоточиться, тем легче это становится делать.

Задайте вопрос Иисусу (или ожидайте Его), одновременно целенаправленно сосредотачиваясь на Нем. Помните, одна наша треть уже едина с Ним, разница в том, что теперь мы целенаправленно практикуем сознательное соединение с Богом. Вы постоянно направляете свое внимание и мысли на работу, жизнь, мечты наяву, страхи и т.д., вместо этого выберите сосредоточить весь фокус внимания на Иисусе. Поначалу, когда вы решили успокоиться, вы можете увидеть только черноту или пустоту перед глазами, и это нормально. По мере сосредоточения на Иисусе, даже не видя Его, будьте готовы задавать Ему вопросы. Иисус может показать вам картинку или целую сцену (видение). Это похоже на то, как мы видим сны или мечтаем наяву. Вы можете также услышать Его голос в своем сердце. Это напоминает то, как мы ведем внутренние диалоги. Так начинается практика личных взаимоотношений с Ним в вашей душе. Вот примеры хороших вопросов:

- Что бы Ты хотел сказать мне сегодня?
- Что бы Ты хотел показать мне сегодня?
- Что бы Ты хотел исцелить в моем сердце сегодня?
- Что бы Ты хотел сказать мне о... (сне, событии, человеке, и.т.д.)?

Так же замечательно и мощно просто ожидать Яхве и тихо сидеть в Его присутствии. Иногда Бог говорит, а иногда приходит исцеление и прорыв, когда мы просто успокаиваемся в Его присутствии.

СЛУШАЙТЕ, что Он говорит! Так просто, и однако, ТАК сложно это сделать. Религия научила нас постоянно говорить. Она научила нас «молиться» вообще не слушая. И большую часть времени, проведенного в молитве, нельзя даже назвать этим словом: это просто требования или нытье по поводу своей боли или дискомфорта. Поэтому вместо этого лучше выберите прийти на встречу к Иисусу ПОСЛУШАТЬ, что Он говорит. Вот что значит ОСТАНОВИТЬСЯ – задать вопрос и СЛУШАТЬ или просто ожидать Иисуса, не спрашивая ничего, сосредотачиваясь на Нем.

Как мне понять, что я не выдумываю то, что вижу и слышу? Сначала нам все эти вещи покажутся ТАКИМИ чуждыми, что наш разум скорее всего закричит: «Это бред! Это нереально! (Или мое самое любимое) Это звучит как оккультизм какой-то!» Я проходила через это, и до сих пор иногда сомневаюсь в самом, на мой взгляд, безумном из того, что я вижу в духовном мире! Все в Царстве настолько отличается от окружающего нас мира, что это ДЕЙСТВИТЕЛЬНО безумие для этого мира и его мышления! НО это приносит ДОБРЫЕ плоды, которые пребывают вечно!

> 1 Иоанна 4:1 (Синод.) «Возлюбленные! не всякому духу верьте, но испытывайте духов, от Бога ли они, потому что много лжепророков появилось в мире».

Моя душа была невероятно сломлена. Я верила в огромное количество лжи и испытывала страшную неуверенность. Несмотря на всю свою глубокую религиозность, я была в ужаснейшем состоянии. Религия не помогла мне выбраться из боли, мне казалось, что придется страдать всю жизнь, пока я не умру и не получу ВЕЧНУЮ ИЗОБИЛЬНУЮ жизнь. Все изменилось, когда у меня появились личные отношения с Иисусом в зимнем лагере. Он стал для меня реальной и ощутимой личностью. Когда я Ему дала разрешение, Иисус исцелил мою боль и исправил ложь, которая меня удерживала. ЭТО хороший плод. То, что мы делаем, подтверждено Словом. Даже в Ветхом Завете Бог хотел личных отношений с нами, и несколько человек все-таки избрали иметь отношения с Богом и сказать Ему «да», хотя это было страшно и бросало вызов всему, что они знали. Бог ходил с Адамом; Авраам был другом Божьим; Моисей восходил на гору, чтобы увидеть Бога. Израильтяне получили приглашение взойти, но не решились, так как испугались! Царь Давид был мужем по сердцу Божьему, а Енох и Илия поверили в Истину настолько, что не умерли — они просто были восхищены в своих телах! Многие великие мужи и жены взаимодействовали с Яхве еще до прихода Иисуса. Все эти мужи и жены веры имели личные отношения с Богом. Яхве не отдаляется — Он, наоборот, хочет близких личных отношений абсолютно с каждым из Своих детей.

Ответ на извечный вопрос «Как понять, что я этого не выдумываю?» Скорее всего, вы не поймете выдумки это или нет, по крайней мере, сначала. Требуется ВЕРА, а вера — это уверенность в том, на что мы надеемся и убежденность в том, чего не видим. Как я уже говорила, большинство людей проводят свою жизнь, осознавая только один мир, зачастую не ведая о душе, и обычно не ведая о своем духе и существовании духовной сферы. Вера в то, что существует совершенно другой мир (и часть тебя существует в нем), ВЫХОДИТ ЗА РАМКИ этого мира… в буквальном смысле по определению. Сначала это, скорее всего, покажется вам сумасшествием, будто вы всё это выдумываете. Поэтому верой выбирайте доверять Иисусу, и это станет началом ваших с Ним личных отношений. Со временем по мере того как ваша душа будет исцеляться и переживать Яхве, вы увидите изменения в хорошую сторону. По мере того как вы всё больше и больше будете соглашаться с Иисусом и Истиной, ваши мысли, чувства и эмоции изменятся. Вы испытаете безмерный мир, радость, мужество и здоровье.

Вы также начнете замечать, что вещи, которые вы видите и слышите во время своих инкаунтеров, превосходят ваше разумение. Вы услышите великие мысли и более глубокие понятия или увидите картины вещей, которые бы вы сами никогда не вообразили. Например, моя подруга испытывала проблемы с тем, как распознать, реальна или нет её встреча с Иисусом, и Он сказал ей слово, определение которого она не знала. Когда мы посмотрели его значение, это было В ТОЧНОСТИ то, что ей нужно было услышать, но ни одна из нас этого слова не знала! Иисус будет удивлять вас и захочет иметь личную связь с вами. Я вдохновляю вас НЕ позволять мысли «я это выдумываю» становиться преградой для вашего соединения с Иисусом. Теперь, когда мы установили, что поначалу вы вероятнее всего будете считать, что всё выдумали, я хочу дать вам некоторые советы, с чего начать.

Сознательно взаимодействуя с Богом, помните:

1. Задавайте вопросы во время вашей встречи! Разговаривая с Богом, будьте как дети и спрашивайте «Почему?», пока не получите удовлетворяющего вас ответа. Играйте в 20 вопросов с Иисусом, когда Он говорит или показывает вам что-то.

   > Притчи 25:2 (Синод.) «Слава Божия — облекать тайною дело, а слава царей — исследовать дело».

   По Своему замыслу Бог не делает все сразу известным, когда показывает нам видения, так как это бы исключило необходимость отношений во время встреч! Он хочет, чтобы мы копали глубже и задавали вопросы, соединяясь с Ним. Так это будет ВЕСЕЛО! Мы узнаём больше о Нем, когда задаем вопрос «Почему?» Поиски сокровищ были бы неинтересны, если бы всё лежало на виду. Бог намеренно скрывает какие-то вещи от нас, чтобы мы их отыскивали во время наших встреч.

2. Разговаривайте со всеми личностями Троицы. Во время инкаунтера ваша душа сознательно выбирает сосредотачиваться на Отце, Иисусе или Духе Святом и разговаривать с одним из Них. Идеально иметь здоровые отношения со ВСЕМИ личностями Божества. Поэтому приходите на встречи с Богом-Отцом, Духом Святым и Иисусом. Вы можете встречаться со всеми тремя сразу или же встречаться с каждым по отдельности. Если вы никогда не знакомились и не переживали встречи с одной из личностей Божества, попросите ту личность Троицы, с которой вы знакомы, познакомить вас с другими ее представителями. Когда вы встречаетесь с новой личностью Божества, предлагаю задать ей такие вопросы:

   • Что Ты думаешь обо мне?
   • Что Ты хочешь сказать мне сегодня?
   • Есть ли что-то, чему Ты хочешь научить

или показать мне?

3. Ложь блокирует нашу способность к взаимодействию. Если вы не слышите, не видите и не чувствуете Бога, пожалуйста, помните, что возможно ваша душа верит в ложь, которая блокирует вашу способность соединиться с Богом. Вы уже ЕДИНЫ с Яхве, и Бог не удерживает Себя от вас. Поэтому если вам сложно соединиться с Ним, это просто поправить, так как причина точно не в том, что Иисус удерживает Себя от вас. Поначалу вы можете увидеть что-то мельком или услышать лишь одно слово. Это нормально, так часто бывает. Ваша душа может сосредоточиться и соединиться с Иисусом в духовном мире, однако это подобно мышце, которая тоже нуждается в тренировке. Вашей душе понадобится практика сосредоточения на Иисусе и на духовном мире, чтобы увеличить способность дольше оставаться в этом соединении. Вы приглашены ЖИТЬ из постоянного единения с Иисусом, которое также известно как пребывание в Нем. Чтобы обрести в этом зрелость потребуется время, однако это вам доступно, если это ваш выбор. Ниже я привожу целую секцию советов, как убрать блоки и ложь, чтобы помочь быстрее находить контакт с Богом. Несмотря на это вашей душе все равно понадобится практика, потому что ей необходимо возрастать в способности оставаться в сознательном пребывании и соединении с Иисусом.

4. Простите Бога, если вы злились или были обижены на Него до того, как решили начать взаимодействие с Ним. Обида и обвинения против Бога ожесточают душу и не дают ясно (или вообще) слышать Его. Скорее всего, вы не сможете увидеть или услышать что-то во время своего инкаунтера из-за злости на Бога, живущей внутри вас. Вместо этого примите решение простить Иисуса за ту обиду, которая у вас на Него есть. Враг солгал вам, и вы ожесточились на Целителя. Как только вы откажетесь от своих обвинений и обиды, вы сможете прийти к Нему со своей болью и получить исцеление и мир. Чтобы было понятно, Иисус не грешит и не делает ничего неправильного, однако это не мешает нашей душе обижаться на Бога за то, что нам в нашей боли всего лишь кажется. Часто мы застреваем (блокируемся) в обвинениях против Бога, например: «Почему Ты позволил…» или «Где Ты был, когда…» или «Как Ты можешь быть благим или

любящим, если…». Обвинения, злость и обида на Бога приносит боль ТОЛЬКО ВАМ. Все это удерживает вас от Исцеления и Истины по вашему собственному изволению. Поэтому я вам бросаю вызов решиться простить Бога, чтобы вы могли пережить исцеление и восстановление.

5. Когда вы идете на инкаунтер, отдайте Богу вопросы, на которые вы хотите получить ответ, чтобы они не стали идолом в вашем сердце. Это очень важно. Мы ХОТИМ получить ответы, особенно когда переживаем боль. Это придает нам ощущение контроля. Однако ответы — не то, что вам нужно; они не избавят вас от боли. Вам нужен Иисус, а не ответы, и Он это знает. Держась за вопрос, ответ на который вы требуете (или вымаливаете), вы рискуете омрачить встречу с Иисусом, если у вас вообще получится соединиться с Ним.

6. Когда идете на встречу, лучше не составлять «повестку дня». Господь ХОЧЕТ исцелить вас, Он ЗНАЕТ в точности, что не так, и Его время всегда ИДЕАЛЬНО. При этом, когда мы приходим к Богу, Он иногда может решить поговорить о другой части нашего сердца, нежели о той, которую мы жаждем исцелить, и это нормально! Доверьтесь Его времени. Составляя «повестку дня», мы можем упустить то, что Бог на самом деле хочет сделать. Часто нам нужно вырасти в своей способности доверять Богу, прежде чем Иисус сможет взяться за НАИБОЛЕЕ болезненные события и ложь в нашей жизни.

7. Помните, обычно ваши встречи происходят через фильтры или линзы души. Ваша душа содержит свободную волю, поэтому именно она и распоряжается. Вы можете столкнуться с вещами, которые не являются фактами в глазах вашей души, потому что вы ощущаете мир(ы) вокруг через фильтры своих убеждений. Так же, как всё будет иметь окраску, если вы наденете сиреневые очки — то, что вы «видите», окрашивается убеждениями вашей души. Поэтому важно знать Библию, и что она говорит о нас и о Боге, чтобы вам различать, что правда, а что нет.

1 Иоанна 4:1 (Синод.) «Возлюбленные! не всякому духу верьте, но испытывайте духов, от Бога ли они, потому что много лжепророков появилось в мире».

Бог тот же вчера, сегодня и вовеки. Он не будет Себе противоречить, поэтому если вы встречаете что-то противоречащее Богу или Библии, вы столкнулись с ложью в своей душе! Например, если вы видите видение, что Бог молчит и отдаляется от вас со скрещенными руками, спросите, соответствует ли это Божьему характеру, описанному в Библии? НЕТ. Но это именно то, что вы видите? Скорее всего, так происходит, потому что это отображает то, во что вы верите на счет Него. Люди воспринимают окружающий мир на основании своих убеждений, поэтому, если в ходе своего инкаунтера вы переживаете что-либо несоответствующее Библии или Истине, называйте это надлежащим именем – ложь!

Как убрать ложь, чтобы она не фильтровала вашу встречу с Богом: достаточно вслух сказать слова типа: «Я разрушаю соглашение с ложью, что (вставьте ложь или назовите то, с чем вы столкнулись, и что не соответствует Библии)». Я предлагаю произнести это вслух, потому что это слышимым образом подчёркивает то, что вы разрушаете соглашение с этой ложью и её эффектами. Когда вы отказываетесь от лжи, обычно картинка немедленно меняется, потому что вы убираете сиреневые очки. (Больше советов как разбираться с проблемами во время инкаунтеров в следующем разделе)

8. Ходите на встречу ТОЛЬКО с Богом (Иисусом, Богом-Отцом или Духом Святым). В духовном мире легко уйти не туда, поэтому убедитесь, что вы всегда сознательно и намеренно идёте туда с кем-то из Троицы. Это важно, когда вы разговариваете с другими существами, будь то облако свидетелей, ангелы или особенно ваши ушедшие близкие люди. Наши религиозные идеи постоянно испытывают вызов в хорошем смысле, когда мы отправляемся в приключения с Яхве. Это хорошо, замечательно, и это часть процесса преображения, НО сатана

попытается обмануть нас, и именно об этом я хочу вас предупредить и обезопасить.

> *1 Коринфянам 11:14-15 (Синод.) «...сам сатана принимает вид Ангела света, а потому неудивительно, если и служители его принимают вид служителей правды».*

> *1 Иоанна 4:1 (Синод.) «Возлюбленные! не всякому духу верьте, но испытывайте духов, от Бога ли они, потому что много лжепророков появилось в мире».*

9. Будьте постоянны с «повторяющимися» триггерами и болью. Представьте это таким образом: наша душа имеет плохую привычку везде таскать с собой боль. Как бы абсурдно это не звучало, это её ПРИВЫЧКА, хотя она нам вредит. Иногда во время исцеления Иисус исцеляет боль, ложь И привычку. Это полное завершенное исцеление и оно замечательно. Мы ценим, когда это происходит именно так. НО есть и другой вид исцеления, который, вероятно, даже более драгоценен: это исцеление одного момента за другим. Иногда Иисус лечит наши раны, когда мы приносим их Ему, однако привычка таскать эту боль (или ложь) остается. В таком случае наше исцеление БЫЛО реальным, и оно ДЕЙСТВИТЕЛЬНО сработало с первого раза. Однако после этой целительной встречи, наша душа, ПОДСОЗНАТЕЛЬНО решив действовать по старой привычке, снова подобрала эту боль и ложь. Каждая привычка МОЖЕТ измениться, однако требуется время и постоянство. Если ваша душа вновь подбирает боль или ложь, снова и снова приносите их к Иисусу, если надо. Все просто: если мы не прекратим это делать, плохие привычки нашей души ОБЯЗАТЕЛЬНО изменятся. Что еще лучше, появится новая привычка приносить к Иисусу всё, что болит! И возможно потому этот метод исцеления более драгоценен. Получение мгновенного исцеления — чудесно, однако оно не помогает нам вырабатывать новые привычки. Получение же исцеления от момента к моменту — это чудесно, потому что наша душа обнаруживает, что Иисус терпеливый, добрый и достаточно великий для любой раны И душа создает новую привычку идти к Иисусу каждый раз, когда чувствует боль.

Я знаю, что информации для запоминания было много. Не переживайте и не думайте, что вам нужно «все сразу понять». Эти подсказки и инструменты помогут вам начать общение с Яхве. Это процесс и путь трансформации, а то, о чем я говорю — всего лишь подсказки; то, чему я научилась, может оказаться вам полезными.

Глава шестая

ИСПРАВЛЕНИЕ НЕПОЛАДОК

Иногда наша душа замирает или застревает, когда мы отправляемся на инкаунтер с Богом, потому что травма и боль могут закрыть дверь в наше сердце, когда его слишком «накрывает», и обычно в этот момент человек чувствует себя беспомощным, безнадежным, и неспособным на прорыв. Когда мы идем на встречу с Богом, многие факторы могут послужить блоком или препятствием. Помните, что духовная сфера — это совершенно новый мир, поэтому потребуется время и практика, чтобы ориентироваться в этом месте. В духовном мире нет никакой спешки, чтобы узнать что-то «вовремя», потому что он находится вне временного измерения. Мы пребываем в путешествии с Яхве, соединенные с Ним в прекрасном танце любви, а Он никуда не торопится. Поскольку у каждого свой путь преображения, я надеюсь, что эта глава поможет прояснить некоторые моменты этого нового мира. Ниже я привожу список распространенных блоков, с которыми сталкиваются люди, пытаясь взаимодействовать с Иисусом и духовной сферой.

1. Не соглашайтесь с унынием или разочарованием. Исцеление требует времени, а враг старается всеми силами заманить вас в согласие с унынием или разочарованием. Уныние и разочарование приходит из ада от врага. Точка. Они всегда-всегда приносят смерть и ЗАМЕДЛЯЮТ ваш путь к исцелению. Иисус не унывает и не разочаровывается, а значит, вы можете сделать выбор не соглашаться с этими вещами.

   Наша жизнь — это процесс и вечное путешествие. Нет никакого «момента прибытия» или «пункта назначения», до которого нужно дойти. Представьте это в виде танца с Иисусом. Было бы глупо спрашивать у Него: «Ну скажи мне, где я буду стоять в конце танца, я пойду и встану на это место». Тогда вы упустите всю красоту и единение, которые приходят в совместном танце! Вы в буквальном смысле ЕСТЬ участник вечного танца любви, а самая классная часть танца и ЕСТЬ сам танец, а не попытки «прибыть» на определенное духовное место, придуманное вами в вашем воображении.

Часто ложь имеет множество слоев, по-разному проявляющихся в жизни. Не унывайте, если во время вашей целительной встречи всплывает страх или какая-то другая негативная эмоция. Принесите эту проблему к Иисусу снова… и снова, если понадобится. Сердце каждого человека способно справиться только с определенным количеством «операций» за раз, поэтому и исцеление происходит поэтапно. Иногда Бог приходит и врачует целую душевную сферу в один момент, однако чаще всего это не так. Внутреннее восстановление требует времени и настойчивости, между тем оба вида исцеления прекрасны! Если вы получите одномоментное исцеление души, вы не узнаете, КАК жить в целостности, поэтому можете скатиться к боли и расстройствам за считанные мгновения, не понимая, как оставаться в исцеленном состоянии. Вот почему так драгоценно проходить через боль и исцеление ВМЕСТЕ с Иисусом: так вы учитесь пользоваться инструментами и понимать определенные вещи, чтобы не скатиться обратно! Ходить с Иисусом так прекрасно, потому что это создает целую историю единения с Богом, по мере того как мы прорабатываем с Ним свою сломленность.

2. Что делать с ложью, в которую верит душа. Существуют разные способы обнаружения лжи, в которую верит ваше сердце. Ниже приведен ОДИН из многих. Эти 4 пункта — быстрый и легкий путь борьбы с ложью внутри вас, но ЭТО НЕ ФОРМУЛА! Бог редко делает одно и то же дважды, так что каждый раз это будет выглядеть по-своему! Он может пропускать какие-то шаги или идти не по порядку, однако для начала это послужит хорошей отправной точкой для работы с ложью во время вашей встречи. Если вы осознали, что поверили в ложь, вы можете:

● Раскрыть!
   ○ Спросите Иисуса: «В какую ложь я верю? Что ТЫ

говоришь про это?

- <u>Покаяться!</u>
  - ○ Покаяние не означает извинение! Покаяние означает полный разворот. Вы меняете направление своих мыслей. Ваша цель — признать, что это ДЕЙСТВИТЕЛЬНО ложь, и вместо нее выбрать Иисуса. Это может выглядеть так: «Я каюсь, что верил(а) в ложь, что (вставьте ложь). Это ложь, и это мой враг. Я принимаю решение больше с этим не соглашаться!»

- <u>Заменить!</u>
  - ○ Данный шаг критически важен! Вы должны заменить ложь истиной от Иисуса, иначе вам нечем будет ей противостоять. Вы можете сказать что-то типа: «Иисус, я принимаю решение отдать Тебе эту ложь и перестать с ней сотрудничать. Вместо этого я буду верить в то, что Ты сказал. Иисус, какую истину Ты даешь для борьбы с этой ложью? Что Ты скажешь на этот счет?»

- <u>Радоваться!</u>
  - ○ Когда Иисус вам что-то говорит или дает, благодарите Его за это! Целенаправленно и решительно берите то, что Иисус вам говорит или дает. <u>Признавайте</u> истину, и <u>позволяйте</u> ей стать частью вашей системы убеждений.

Небольшая заметка по поводу лжи: не падайте духом, когда враг утверждает, что это слишком сложно, и это не сработает. <u>ЭТО</u> тоже ложь! Вашей душе КАЖЕТСЯ, что ложь была истиной. Ложь, в которую мы верили долгое время, кажется частью нас самих, разве это не так? Нет. Ложь как пиявка, присосавшаяся к вашей душе, а не ее часть. Но она КАЖЕТСЯ истиной? Да. Вопрос не в том «Достаточно ли Иисус велик», вопрос в том: выберете ли ВЫ верить в истину Иисуса и Его свободу, или же останетесь со знакомой и комфортной, но приносящей боль ложью?

3. Стены вредят, а не помогают. Когда мы испытываем много боли или травм, наша душа возводит стены для самозащиты. Проблема в том, что в действительности эти стены держат боль ВНУТРИ, а исцеление СНАРУЖИ!

Они — блоки для нашей души, удерживающие нас от исцеления, потому что мы также не пускаем внутрь Бога. Они приносят БОЛЬШЕ ран, потому что мы чувствуем, что Бог нас отверг, хотя вообще-то это мы возвели эти стены! Поэтому в своих мучениях мы ВЫБИРАЕМ оставаться в ловушке боли И держать исцеление за стеной. Все это сказано к тому, что если вы чувствуете вокруг своей души стену, И вы готовы ее разрушить, вот что можно сделать:

- Разрушьте СОГЛАШЕНИЕ с этой стеной.
  - Ваша душа должна решить, что уже готова снести эту стену. Иисус не пойдет против вашей свободной воли. Он стоит у двери (или стены) и стучит (обратите внимание, что в данном стихе не сказано «Он выламывает дверь»). Как только вы решите, что готовы снести эту стену, будет полезно вслух сказать что-то типа: «Душа, мы признаем и принимаем решение, что эта стена нам не помогает. Она — ловушка для нас. Поэтому я прямо сейчас выбираю перестать сотрудничать с этой стеной».

- Спросите у Иисуса (Духа Святого или Яхве), как снести стену.
    - Чтобы разрушить стену, Они могут:
  - дать вам слова, которые нужно сказать этой стене;
  - дать вам инструмент для использования;
  - сказать, какое пророческое действие нужно сделать в физическом мире;
  - или предложить вместе разрушить эту стену.

Список вещей, которые Бог может вам сказать, чтобы разрушить вашу стену, бесконечен, просто следуйте Его указаниям. Обратите внимание, как все изменится, когда стена исчезнет. Если остаются какие-то обломки стены, спросите: «Нужно ли мне кого-то простить, или есть ли какая-то ложь, от которой мне нужно освободиться?» Как только стена пропала, не забудьте поблагодарить Отца за свой последний прорыв!

Все, что делает враг — это подделка Истины. Стены врага для самозащиты приносят нам вред и смерть, НО существует и версия стены в Царстве — имя ей Яхве! Да, серьезно, Господь

НА САМОМ ДЕЛЕ наша защита и наша стена.

> Наум 1:7 (Дословный перевод BSB) «Благ ГОСПОДЬ, убежище в день скорби, и Он заботиться о надеющихся на Него».

> Псалом 31:7 (Дословный перевод BSB) «Ты — мое убежище. Ты защищаешь меня от беды; Ты окружаешь меня песнями избавления».

> Псалом 45:1 (Синод.) «Бог нам прибежище и сила, скорый помощник в бедах».

> Исаия 43:2 (Дословный перевод NLT) «Будешь ли переходить через глубокие воды, Я с тобою, — через реки сложностей, ты не утонешь; когда пойдешь через огонь давления, не обожжешься, и пламя не поглотит тебя».

> Притчи 18:10 (Синод.) «Имя Господа — крепкая башня: убегает в нее праведник — и безопасен».

Я вдохновляю вас провести время с Яхве и попросить о Его защите. На что она похожа и что значит: Он — наше убежище и безопасное место? Каким образом мы сокрыты в Нём? Помните про игру в 20 вопросов. Чем больше истины вы услышите о том, что значит быть сокрытым в Нем, тем легче вашей душе будет не возводить никаких стен в будущем. Иногда она всё равно это делает, просто по старой привычке. Будьте постоянны: сносите эти стены снова и снова, если нужно, и тогда со временем ваше сердце поймет, что ему не нужно защищаться самому.

4. Если вы «застряли», обратитесь к той личности Троицы, с которой у вас наилучшая связь. У всех людей разный жизненный опыт. Кому-то раны нанесены матерью или отцом, у кого-то глубокая боль, причиненная друзьями или братьями/сестрами. Наши жизненные переживания влияют на наше мнение и взгляд на Бога: Яхве, Иисуса и Духа Святого. Человеческое сердце не обладает шкалой для БОГА в Его бесконечной широте, поэтому мы обрабатываем идею БОГА через свой жизненный опыт. Мы ожидаем, что Он будет относиться к нам так же, как наши отцы,

матери, братья/сестры или близкие друзья. Например, если ваш отец был холодным и отстраненным, вы подсознательно предполагаете, что Яхве относится к вам точно так же. Аналогично, отношения с нашими мамами обычно переносятся на восприятие Святого Духа, потому что они разделяют роль кормилицы, учителя и утешителя. А Иисус, согласно Писанию, наш брат и самый близкий друг. Поэтому естественно мы ожидаем, что Он будет относиться к нам так же, как это делали братья/сестры или близкие друзья. Вот почему иногда нам сложнее найти контакт с разными личностями Божества, хотя Они все — одно. Так что если вам сложно во время встречи, вы как будто застряли, попытайтесь поговорить с Той личностью Троицы, с которой ваша душа чувствует себя в наибольшей безопасности, чтобы она помогла вам преодолеть этот барьер.

5. Когда застреваете, посетите знакомое место. Вы можете заново посетить те места и видения, в которых уже бывали во время встреч с Иисусом. Это поможет, если вы ощущаете, что застряли во время своего инкаунтера. Если душа замыкается в себе, полезно будет посетить знакомое или любимое место в духовном мире, где вы бывали раньше. Иногда душе необходимо попасть в безопасное окружение и воссоединиться с Яхве там, прежде чем идти дальше.

- Вы можете отойти от боли и воссоединиться в другом видении. Там вы можете спросить у Иисуса, почему вы замкнулись. Опять же, играйте в 20 вопросов, пока не почувствуете, что набрались мужества принести Иисусу эту болезненную сферу, чтобы Он ее исцелил.

- ИЛИ другой вариант: воссоединитесь с Иисусом в другом видении и выберите не возвращаться к этому триггеру до другого раза. Если ваша душа не готова работать с раной, ничего хорошего из попыток вынудить ее к этому не выйдет.

6. ЧУДЕСНАЯ задняя дверь инструмента послушания. Когда мы сталкиваемся с преградой, с которой не знаем, как разбираться, можно попробовать «инструмент послушания»! Наверное, это моя самая любимая стратегия, которая просто супер-полезна. Все, что

требуется, это спросить что-то типа: «Иисус, как мне избавиться от этого в жизни?» и затем СДЕЛАТЬ всё, что Иисус вам скажет! Всё! Он БОГ, и когда Он что-то говорит, это ПОСЛЕДНЯЯ ИНСТАНЦИЯ.

Например, однажды Иисус повелел мне сказать подруге «порвать кусок бумаги, и то, что ее беспокоило, исчезнет». Обычно, если мы физически рвем бумагу, это не оказывает НИКАКОГО влияния на духовный мир и душевные раны. НО поскольку Иисус сказал, что это сработает, это стало повелением! Демоны послушны духовному закону, и в данном случае, когда моя подруга порвала листок бумаги, демонам ПРИШЛОСЬ повиноваться, потому что она действовала соответственно повелению Иисуса. Спора не было. Демон был в БЕШЕНСТВЕ, однако он ушел мгновенно и безболезненно. Какое облегчение! Это реальная история, когда я впервые узнала про инструмент послушания, с тех пор я его использую постоянно. Иногда Иисус говорит нам сделать странные вещи в физическом мире, а иногда мы делаем что-то во время инкаунтера. В любом случае, Иисус верен, и у Него ВСЕГДА есть решение и то, что нам нужно.

7. Если ни одно из этих средств не сработало, НЕ СДАВАЙТЕСЬ. Я понимаю, что значит глубокая боль и попытки проходить через травму. Я много раз там была, и я говорю из личного опыта — не сдавайтесь. Я знала и понимала эти инструменты, однако когда у меня случился полный психический срыв, они мне не помогли. В юности я дерзновенно вступила в схватку с большим князем (плохишом в демоническом мире). В духовном смысле я вышла за рамки, к тому же у меня было недостаточное понимание, кто я есть, и как работают духовные законы. У меня было много дерзновения, но мало мудрости, поэтому мне «навешали по самую маковку», что и вызвало этот срыв. Я не могла функционировать… даже расчесывать волосы было НАСТОЛЬКО сложно, что это доводило меня до слёз. Посреди всего этого я упорно пыталась соединиться с Иисусом, но моя душа ничего не чувствовала. Я знала, что мой дух един с Богом; я знала, что я не одна, что Иисус НА САМОМ деле говорит со мной, просто моя душа была слишком сломлена, чтобы быть способной Его услышать. В этот

момент я на Него обиделась. Я могла бы выдвинуть обвинения против Иисуса и чувствовала бы, что они вполне справедливы, потому что Он мог бы открыться мне, но я намеренно решила этого не делать.

Даже посреди самого страшного срыва я знала, что всё равно едина с Иисусом. Я знала, что Он — единственный Целитель, и что если я выберу обижаться на Него, я только испытаю больше БОЛИ. Я не понимала, но я выбрала не требовать и даже не сосредотачиваться на своих вопросах. Вместо этого я сосредоточилась на Иисусе. Я ничего не чувствовала, не видела видений, и совершенно не слышала Его. Я даже не могла посетить свои любимые места в духовном мире, НО я выбрала устремить свое внимание на Иисуса. В тишине и темноте в глубине своего сердца я чувствовала, что сосредоточена на Нем. Я использовала свою свободную волю, чтобы развернуться к Иисусу, хотя ничего не ощущала в ответ. Ключ был в том, что я не сдалась. Я преодолела все обвинения врага против Иисуса, что Он «не объявился в мой самый темный час», и с течением времени моя душа исцелилась. Я знала, что проблема отсутствия единения с Ним была в ДУШЕ, а не в том, что Иисус бросил меня в моих страданиях. Я знала, что мы уже одно с Ним, поэтому мои чувства были лишь СИМПТОМОМ слишком сокрушенной души. Я проявляла терпение и настойчивость. У Иисуса хватило могущества, чтобы исцелить ВСЕ ее части, сломленные из-за моего дерзновения. Я размышляла над истиной и поклонялась, пока моя душа не была готова снова соединиться с Ним и выйти из тьмы.

На данном пути медитация и встречи идут рука об руку. Вы можете потерять или забыть что происходит, когда вы взаимодействуете с Яхве, особенно поначалу, когда душа только учится ориентироваться в новом для себя мире. Можно сравнить это с классным сном — вам кажется, что вы его никогда не забудете... а потом забываете, если только его не записать, не пересказывать снова и снова, не думать о нем часто. Иначе наша душа просто забывает и возвращается в старую знакомую боль. Вы можете забыть даже самые великие чудеса, когда находитесь в состоянии растерянности, ослепленные болью. Медитация для души — это ключ к напоминанию и тренировка НОВОГО образа мыслей и жизни. Инкаунтеры дают вам личные ключи, необходимые для ваших обстоятельств, однако и о них можно легко забыть. Стойте на Слове Божьем. Размышляйте о нем и взаимодействуйте с Живым Словом как можно чаще. В итоге вы научитесь ЖИТЬ из этого соединения и встречи с Яхве, и я буду больше говорить об этом в конце книги.

Вся эта глава написана на основании моего личного пути на протяжении 14 лет. Я была сломлена, слепа, обижена и потеряна… религия мне не помогла исцелить боль. Я верила в Иисуса как в своего Спасителя, однако моя душа была похоронена под болью и мучениями. И хотя мой дух был един с Иисусом, я не знала, что произошло, поэтому сердце оставалось в мучениях. Единственным утешением было накопленное годами ментальное знание, однако вместо свободы оно приносило только раздражение и разочарование. Все изменилось, когда у меня появились личные отношения с Иисусом: ментальное знание превратилось в откровение сердца и свободу души. Господь проговорил ко МНЕ, лично: Иисус любит МЕНЯ! Иисус исцелил МЕНЯ! По мере роста мое исцеление и прорыв ускорились, потому что я начала доверять Богу на более глубоком уровне. У вас свой путь, который будет отличаться от моего, но я гарантирую, что вам потребуется время и терпение.

Эта книга, особенно данная глава, — просто шквал информации. Потребуется время, чтобы переварить и впитать её, особенно информацию об инструментах, описанных здесь. Когда всё, что вы когда-либо знали, ограничивается лишь измерением вашего физического тела, немного страшно и рисково открывать для себя новый мир, в котором и из которого можно жить. Вы начали вечный путь. В вечности не существует никакого «места назначения» или «точки прибытия», поэтому наслаждайтесь танцем любви с Иисусом. Я приглашаю вас начать сегодня — пригласите Иисуса в свой внутренний беспорядок и боль, какими бы они не были. У Него уже есть нужные вам ответы, мудрость и исцеление. Он стучится, впустите ли вы Его?

> Откровение 3:20 «Вот, стою у двери и стучу: если кто услышит голос Мой И отворит дверь, войду к нему и буду иметь глубокую и блаженную близость с ним, и он со Мною».
> [Перевод автора]

Глава седьмая

ВЗРОСЛЕНИЕ

Перед нами стоит чудесное приглашение повзрослеть. Религия создала систему, производящую нуждающихся и незрелых христиан, которые сидят и ждут смерти, чтобы сбежать на Небо. Я выросла в религии, думая, что наша жизнь на земле нужна только для того, чтобы обращать в веру души и коротать время до смерти или до возвращения Иисуса. Бог не планировал, чтобы Его дети оставались незрелыми христианами: Он желает, чтобы мы стали зрелыми сынами Божьими, которым можно доверить управление и Царство, как это делал бы ОН. После рождения свыше каждый верующий начинает с младенческого состояния. Таков порядок вещей, и наш Отец Яхве любит нас в младенчестве, как и любой родитель-новичок обожает своего малыша. Однако ни один родитель не надеется и не хочет, чтобы его ребенок ОСТАВАЛСЯ всё время грудничком. Яхве приглашает нас управлять и править с Ним. Он радостно ждёт, когда Его дети вырастут в сильных сынов Божьих, которые будут менять Вселенную к лучшему. Незрелость удерживает нас от полноты жизни, приготовленной Богом, а некоторые пребывают в огромном заблуждении, потому что они по невежеству ходят в незрелости, считая себя «отличными христианами».

> 1 Коринфянам 3:1 (Дословный перевод AMP) «И я не мог говорить с вами, братия, как с духовными, но [только] как с плотскими [подчиненными человеческой природе], как с младенцами [в новой жизни] во Христе».

> 1 Коринфянам 14:20 (Синод.) «...не будьте дети [незрелыми, ребячливыми] умом: на [дела] злое будьте младенцы [совершенно невинными и неопытными], а по уму будьте совершеннолетни [зрелыми]».

Галатам 4:3 (Синод.) «Так и мы, доколе были в детстве, были порабощены вещественным началам мира».

Ефесянам 4:14 (Синод.) «Дабы мы не были более младенцами, колеблющимися и увлекающимися всяким ветром учения, по лукавству человеков, по хитрому искусству обольщения».

Евреям 5:12 (Синод.) «Ибо, судя по времени, вам надлежало быть учителями; но вас снова нужно учить первым началам слова Божия, и для вас нужно молоко, а не твердая пища».

Павел много раз обращается к теме незрелости верующих — это совершенно не ново. ВСЕ мы начинаем с этого состояния; ВСЕ мы поначалу младенцы, когда рождаемся свыше… но Божье намерение, чтобы мы росли! Мы были предназначены к УПРАВЛЕНИЮ и ЦАРСТВОВАНИЮ со Христом. Плотские младенцы не имеют силы и готовности править с Иисусом. Для нас столько всего приготовлено, и это всё уже есть в нас благодаря Ему! Если мы выбираем достигнуть зрелости, от нас требуется принять на себя ответственность и начать «растягивать» себя, что является неизбежным спутником взросления.

Ефесянам 1:4-5 (Дословный перевод NLT) «Еще прежде создания мира Бог возлюбил нас и избрал нас во Христе, чтобы мы были святы и непорочны в Его глазах. Бог решил заранее усыновить нас в Свою собственную семью, приблизив нас к Себе чрез Иисуса Христа. Вот что Он хотел сделать, и это доставило Ему великое удовольствие». [Подчеркивание автора]

Значение слова «усыновить» в языке оригинала отличается от нашего нынешнего восприятия этого понятия. Когда мы слышим «усыновить», мы представляем себе сироту, которого взяли (усыновили) в новую семью. Как бы прекрасно ни звучала фраза, что Бог «усыновил» нас, этот отрывок означает нечто гораздо лучшее! В еврейской культуре усыновление — это МОЩНЫЙ момент, когда отец представляет своего сына всему колену как ЗРЕЛОГО сына, который может заниматься делами от имени самого отца! ВАУ! Он уже от рождения полноценный сын своего отца, однако когда юноша достигает зрелости, он «усыновляется» и получает власть и доверие родителя!

В еврейской культуре усыновление — это статус, в который сын выбирает вырасти. Он происходит от своего отца и похож на него, потому что сотворен от него. (Помните, мы сотворены по образу Самого Бога! Мы также Его потомство от самого начала!) Затем согласно еврейской культуре, когда сын вырастает до определенного возраста, он достигает бар-мицвы. Это празднование в честь становления сына из мальчика в мужчину. С этого момента отношение к нему и спрос с него как с мужчины. Но поскольку никто не вырастает за одну ночь, сыну всё равно есть чему учиться и куда расти, пока его смогут признать зрелым. Достижение зрелости — это процесс, который нельзя сократить: будут совершаться ошибки, сбиваться спесь, необдуманное дерзновение превратится в постоянную мудрость. По мере достижения сыном зрелости, отец учит его правильному характеру и наставляет в семейном деле до тех пор, пока сыну нельзя будет доверить управление делом так, как это делал бы отец. Как только молодой человек созрел и может принимать влиятельные решения, отец «усыновляет» его. Отец созывает старейшин города и собирает всю семью, и перед всеми этими людьми он публично УСЫНОВЛЯЕТ своего сына. С этого момента семья и все колено знает, что у сына есть власть действовать и вести дела от имени своего отца, как если бы это был он сам. Вот в чём зрелость.

Перед сотворением этого мира, перед тем, как мы согрешили, Божий план заключался в том, чтобы мы были частью семьи. Однако Его намерение не было в том, чтобы мы вечно оставались малышами. Изначальный замысел заключался в том, чтобы мы стали как Яхве, созрев для управления и царствования от Его имени. Мы были сотворены по самому образу Божьему не просто внешне, а чтобы быть подобными Ему в степени зрелости и действий. Станем ли мы когда-нибудь Богом-Создателем, Царем царей и Самим Яхве? Нет, конечно. Но мы ЕСТЬ цари. Он просто ЦАРЬ царей. Мы — священники. Он — ПЕРВОсвященник. Он всегда будет выше нас по рангу, как и должно быть, но мы приглашены войти в свою сущность, в то, чтобы быть Его руками и голосом на земле.

Итак, КАК мы достигаем зрелости?

- Действуйте как Иисус. Да, действуете как Он, пока не СТАНЕТЕ как Он. Чем больше вы ведете себя как Иисус, тем быстрее вы станете похожими на Него в деле и мысли! Как растет ребенок? Он наблюдает, как папа моет машину, и пытается помочь. Помогает ли он? Нет. С детской «помощью» на дело уходит в три раза больше времени. Однако, когда он помогает, он мало-помалу учится что-то делать. Через какое-то время ребенок в действительности сможет помочь помыть машину, а затем дорастет до того, чтобы мыть ее самостоятельно! Поэтому действуйте как Иисус, и вы станете как Он в процессе вашего возрастания.

- Обращайтесь к Иисусу как к источнику всего в жизни. Институт религии сделал людей зависимыми от пастора в плане духовного «питания» и направления. Они часто ожидают, что тот будет выполнять всю работу по их личному исцелению, и для общества.

> 1 Иоанна 2:27 (Дословный перевод NLT) «Вы получили Духа Святого, и Он живет внутри вас, поэтому вам не нужно, чтобы кто-либо учил вас, что есть истина. Потому что Дух учит вас всему, что вам нужно знать, и то, чему Он учит, истина, а не ложь. Поэтому как Он вас научил, пребывайте в общении со Христом». [Подчеркивание автора]

Нам не НУЖЕН учитель, у нас ЕСТЬ Учитель Учителей, живущий ВНУТРИ нас! Обращайтесь к Источнику. Когда мы позволяем Иисусу быть нашим Источником, мы перестаем жить в зависимости от системы. Мы становимся людьми, потрясающими нации, мостом с Небес на землю. Часть созревания в том, чтобы перестать «сосать из бутылочки» системы и вместо этого наполнять душу реальностью, в которой уже живет наш дух. Здесь важно отметить, что мы все часть тела Христова, призванные носить бремена друг друга. Периодическая нужда в помощи со стороны собратьев по вере — вполне нормальное явление. Жизнь сложна, а когда нас бьёт травма, нам может быть нелегко соединиться с Яхве и разобраться со своей болью. Поэтому, чтобы было понятно, нужда в поддержке в определенный сезон отличается от постоянной зависимости от кого-то как от своего источника.

- Учитесь на своих ошибках. Учась ходить, дети не начинают с идеальной походки. Всем понятно, что ребенку с первого раза не получится идеально пойти или проехаться на велосипеде. Тот же уровень терпения и благодати нужно давать самим себе в духовном росте. Мы учимся ходить со Христом, и у нас сначала не всё будет получаться идеально. Мы будем падать на колени и спотыкаться, однако у нас есть любящий Отец, который подбадривает нас и ставит обратно на ноги. Отец терпелив, Он знает, что мы учимся, и что мы будем ошибаться. Когда мы совершаем ошибку, решение простое — отдайте её Иисусу! Спросите Его, что случилось, во что верила ваша душа, и принесите это к Христу. Если вы будете так делать, тогда всё станет для вас возможностью для РОСТА! Вы научитесь большему на ошибках и неудачах, чем на правильном исполнении чего-либо. Таким образом, вы быстрее растете в трудные периоды, чем в легкие, поэтому вы в любом случае в выигрыше! Вы не можете проиграть! Вы либо делаете всё хорошо, либо учитесь на своих ошибках и каждый следующий раз справляетесь с трудностями лучше и лучше!

- Оставайтесь в смирении. В тот момент, когда мы решили, что всё знаем, наш рост прекращается. Если мы хотим постоянно расти и достигать большей зрелости, мы не должны подпускать к себе гордость и обиду. Яхве — это бесконечное количество знания. Действительно ли вы думаете, что наши крошечные мозги могут потягаться с бесконечным величием и мудростью Яхве? Я так не думаю. Поэтому сохраняйте смирение во всём, что делаете, тогда вы не будете препятствовать своему росту ни в какой сфере души.

- Проверяйте себя. Какова ваша мыслительная жизнь? Ваши действия отображают Иисуса? Почему вы занимаетесь чем-то? Когда мы начинаем обращать внимание на свои мысли, действия и привычки, мы делаем первые шаги к зрелости и преображению.

Чтобы было понятно, ВЕСЬ этот процесс требует веры. С того момента как вы выбираете Иисуса, вы используете веру; мы используем веру для личных отношений с Богом, и в вере мы проверяем всё по Слову Божьему. Таким образом, мы ВСЕ начинаем, будучи обманутыми, и мы ВСЕ находимся на пути, состоящем из этого обмана. Каждая разрушенная нами ложь, каждая исцеленная рана помогает больше ходить в Истине и меньше в омрачившей нас лжи. Это часть пути преображения. Из страха быть обманутыми многие люди избрали перестать расти и взаимодействовать с Яхве. Они не хотят «становиться странными» или «быть обманутыми», поэтому вместо этого они остаются во лжи в созданной ими коробочке. Мы находимся в прекрасном и иногда беспорядочном процессе возрастания в сыновстве, осознаем мы это или нет.

И последнее, Иисус не ожидает в нетерпении, когда же мы наконец «возьмем себя в руки» и повзрослеем, однако Он ищет тех верующих, которые скажут Ему неизменное «ДА!» Иисус дает нам право быть полностью свободными, и сделать свой выбор БЕЗ ОСУЖДЕНИЯ, при этом Он одновременно приглашает нас присоединиться к Нему в вечном танце любви. Иисус хочет исполнения воли Отца на земле, чтобы смерть и болезни подошли к концу, но Он не делает это ценой нашей свободной воли. Вместо этого Иисус ждёт, чтобы мы присоединились к Нему на кресте, умерли для плоти и воскресли с Ним и в Нем. Он ожидает, чтобы мы подчинили свою совершенно свободную волю воле Яхве, чтобы нам быть усыновленными как зрелые сыны. Когда мы это выбираем, ничто во всей Вселенной не может быть сильнее.

Глава восьмая

ТАИНСТВО И ЧУДО

Вечное путешествие, в котором мы находимся, это самое чудесное приключение из всех! Это сумасшедшая гонка, которая продолжает бросать вызов той коробочке, в которую мы поместили себя или Иисуса. Высоты и глубины, сферы и измерения безграничны так же, как Его любовь. Яхве бесконечен, всемогущ и переполнен величия превыше всякого словесного описания и представления. Он настолько удивителен, что Ему ПРИХОДИТСЯ Себя уменьшать, чтобы мы хотя бы могли начать постигать Его и взаимодействовать с Ним. Например, если Иисус уменьшит Себя до Царя Царей во время встречи, вы упадете лицом вниз, и все равно вам будет казаться, что можно поклониться ниже. Тогда Иисус может выбрать уменьшиться еще больше и явить Себя как друга, которого вы можете видеть лицом к лицу. Есть нечто гораздо большее, чем мы можем помыслить или представить — Он бесконечен в Своем чуде. Это одновременно пугает, восхищает, изумляет и удивляет, но даже необычные и страшные части этих проявлений наполнены изумлением и благостью Яхве.

Эта книга — как поток информации. Я не стала объяснять до конца каждый концепт и специально оставила неотвеченные вопросы. Моя цель — указать вам на Иисуса. Я надеюсь, что вы принесете Ему каждую капельку этого потока. Каждый концепт и неотвеченный вопрос могут стать еще одной ступенькой в вашем доверии и дружбе с Ним. Всё, что вам нужно, это Иисус, и я хочу помочь вам это увидеть, чтобы вы возрастали в Нем. Если бы я дала вам совет в этом вечном путешествии, это были бы следующие вещи:

1. <u>Сохраняйте близость с Иисусом</u>

   ○ Он — ваше всё. Он — Источник, Жизнь, Исцеление, Обеспечение — ВСЁ. Самое важное это оставаться близко к Нему. Заботы этого мира мимолетны, однако то, что мы делаем и строим с Иисусом — вечно. Осознавайте Его во всем: от мытья посуды до отношений, от ваших налогов до вашего будущего. Привносите Его сознательно и намеренно во всё, что вы делаете, и это не только преобразит вашу жизнь, но и изменит мир вокруг вас.

2. <u>Оставайтесь смиренными и гибкими</u>

   ○ Знаю, что я упоминала об этом в предыдущей главе, однако это чрезвычайно важно: не позволяйте себе тормозить из-за представления, что вы знаете или понимаете что-то. Даже в атрибутах Бога есть слои. Например, вы вечно можете познавать о благости Бога. Он бесконечен, поэтому сохраняйте смирение во всём… даже у детей и муравьев много чему можно поучиться.

3. <u>Идите вперед и не сдавайтесь.</u>

   ○ Иисус верен посреди постоянно меняющегося мира. Он — то единственное, на что можно рассчитывать и надеяться. Обстоятельства меняются, люди ведут себя по человеческим понятиям, и проблемы в их жизни гарантированы. В мире неуверенности только ОДНО постоянно, имя этому — Иисус. Когда на вас обрушивается ад, Он остается Обеспечителем, Целителем и Царем Царей. Иисус достаточно велик, чтобы пронести вас через всё, с чем вы сталкиваетесь. Поэтому я бросаю вам вызов идти вперёд и не сдаваться. Доверяйте Иисусу во всем и любой ценой.

Иеремия 32:27 (Синод.) «Вот, Я Господь, Бог всякой плоти; есть ли что невозможное для Меня?»

4. <u>Выбирайте Иисуса вне зависимости от боли, смятения или обстоятельств.</u>

   ○ Когда приходит боль, враг обвиняет Яхве в сломленности, которую причинил он сам, и чем больше рана, тем больше обвинений выдвигает сатана. Может быть очень сложно посреди большой боли и неотвеченных вопросов выбрать Иисуса, однако, пожалуйста, НЕ соглашайтесь с врагом (он ненавидит вас и пытается уничтожить вашу жизнь). Иисус — благ, и Он единственный целитель. Нет другого пути выйти из боли кроме как через Него. Если вы ожесточитесь против Яхве из-за своих ран и вопросов, вы повредите свою способность получить исцеление и целостность, поэтому во всём выбирайте Иисуса. Билл Джонсон говорит: «Чтобы иметь мир превосходящий понимание, вы должны отказаться от права понимать». Выбирайте Иисуса превыше боли и неотвеченных вопросов, тогда вы получите мир, превосходящий ваше понимание, и исцеление для своей души.

Практикуя эти вещи и увеличивая способность своей души сосредотачиваться и взаимодействовать с духовным миром, вы научитесь действовать сразу в ОБОИХ мирах. Вместо того чтобы нуждаться в тихом месте, вы сможете практиковать соединение с Иисусом, занимаясь своими повседневными делами. ВОТ ЧТО называется пребыванием. Чтобы к этому прийти, потребуется время. Поначалу вам придётся учить свою душу сосредотачиваться и взаимодействовать с духовным миром, однако по мере вашего созревания в этом, вы начнёте быстрее переключаться на него, будучи при этом способными быть сконцентрированными и функциональными в физическом мире. Вы сможете научиться ПОЛНОСТЬЮ осознавать и взаимодействовать с обеими сферами одновременно. Вы — многомерное существо, которое также может жить в многомерном сознании.

В данной книге я потратила большое количество времени на объяснение душевных ран и препон, однако это лишь начало. Взаимодействие с Яхве (инкаунтеры с Ним) не всегда будут вращаться вокруг ваших сердечных ран. Важно сначала разобраться с душевными проблемами, прежде чем вы научитесь восходить. Эти внутренние блоки нужно убрать, чтобы вы смогли пускаться в приключения и на миссии с Яхве. Он хочет научить вас летать, и Он научит… но сначала нужно исцелиться. Тогда вы сможете восходить!

Здесь я четко заявляю, что я не всё знаю и не всё понимаю. В действительности, чем больше я узнаю, тем больше я вижу, КАК мало я знаю и понимаю. Часть меня чувствует себя малолеткой, пытающейся написать книгу по квантовой физике. Я знаю так мало, однако в моем сердце всегда было побуждение написать об этом и указать людям на Яхве. Он — самый лучший во всём, и я хочу помочь людям найти Его и отвергнуть религию в любой её форме.

> *1 Коринфянам 13:12-13 (Дословный перевод NLT) «Теперь мы видим несовершенно, как бы загадочные отражения в зеркале, однако тогда же мы увидим все совершенно отчетливо. Все, что я знаю сейчас частично, а тогда я познаю все полностью, подобно как Бог знает обо мне все. Эти три вещи будут существовать вечно: вера, надежда и любовь; но любовь из них больше».*

> *1 Коринфянам 13:9 (Дословный перевод NLT) «Сейчас наше знание частично и неполно, и даже дар пророчества открывает лишь часть всей картины».*

Даже апостол Павел не утверждал, что знает всё, но делился тем, что знал, и это меняло мир. Даже если бы я знала всё, что, конечно же, не так, я бы не могла объяснить многие вещи. Духовные понятия и глубины слишком велики для наших крошечных мозгов, но так и было задумано. Мы — существа с крошечными мозгами, ведущие таких же существ с крошечными мозгами. Когда мы осознаем реальность нашего ограниченного состояния, уходит давление необходимости всё понять. Поэтому давайте обратимся к Тому, у кого не крошечные мозги, и будем наслаждаться танцем любви, к которому мы присоединились!

Когда я стала новоиспеченной мамой, женой, занятой (и я имею в виду реально ЗАНЯТОЙ) детским служением, мне стало сложно выкраивать время для общения с Богом. Это было до того, как я узнала о древе жизни и о том, что «должна» — это, по сути, демон, однако, несмотря на все познания, я всё равно пришла к поворотной встрече с Яхве. Я спросила: «Папа, сколько времени я должна проводить с Тобой ежедневно? Дэвид Хоган проводит 4 часа в день, а Хайди Бейкер — 6 часов общается с Тобой в тайной комнате. Если я посажена в Иисусе в вечности, тогда у нас с Тобой вечность, так? Сколько часов (в моем понимании это было «сколько часов лишения сна») я должна проводить с Тобой в день?» Яхве посмеялся надо мной и сказал: «Да? То есть, ты не думаешь, что будешь занята в вечности?» Я приготовилась оправдываться, когда Яхве показал мне невероятную картину Небес: они были похожи на идеальный улей, наполненный славой, безграничной радостью, невероятным миром и совершенным ритмом. Было СТОЛЬКО всего чем заняться, так много миссий и приключений, и миров для исследования (не было людей, сидящих на облаках и играющих на арфах!). Яхве объяснил: «Даже в вечности есть занятия. Здесь нет скуки, и есть бесконечность вещей, которые можно делать. Даже тут, находясь вне времени, люди редко приходят в тайную комнату в поисках Меня». Затем Яхве убрал завесу плоти на Своём сердце, чтобы показать мне самое близкое тайное место в Своём сердце. Там в этом месте с Ним было совсем мало людей. Учитывая всё то количество существ на Небесах, моё сердце сокрушалось, видя, как мало людей уделяют время, чтобы прийти в это тайное место. Я знала, что все приглашены в это тайное место, и у меня не было осуждения тем, кто его не выбрал. Яхве нравится дар нашей свободной воли, и на Небесах нет никакого понятия «должен» и осуждения. Пока я переваривала тот факт, что занятость будет всегда, даже в вечности, Яхве продолжил: «Джессика, вопрос не в том, сколько времени ты «должна» проводить со Мной. Настоящий вопрос в том, насколько ты желаешь Меня?» Яхве широко раскрыл в приглашении свои объятия, заглядывая в самое сердце моего существа огненными глазами. Этот вопрос и то, что я увидела, настолько переполнило меня, что я сказала: «Я хочу быть зависима от Твоего Присутствия как наркоманка. Я хочу быть тем, кто служит Твоему Сердцу. Я буду приходить в тайную комнату, и оставаться с Тобой там. Я хочу Тебя всего». Яхве улыбнулся, и я навсегда изменилась.

Итак, насколько сильно вы желаете Яхве? Чтобы получить Его сердце, мы сначала должны отдать Ему своё: та мера, в которой мы это делаем, определяет, насколько Яхве будет открывать нам Себя. Он возлюбил нас и предложил нам Своё сердце первым, однако нам нужно выбрать Его и открыть двери, чтобы впустить Его. Нет никакого осуждения: вы совершенно свободны выбирать сколько, и как глубоко вы стремитесь зайти. Мы каждый находимся в своём личном прекрасном путешествии с Иисусом: Он приглашает нас в этот дикий, странный и прекрасный путь, но только нам решать, насколько мы этого хотим.

Я надеюсь, что данная книга и последующие серии вдохновят вас на вашем пути с Яхве. Он нелегкий, однако это самое прекрасное, что есть во Вселенной. Вначале будет сложнее всего, но не сдавайтесь! Иисус достоин доверия, Он верен и обладает достаточным могуществом. И последний совет: чем быстрее и глубже мы подчиняемся, тем быстрее и полнее мы переживаем прорыв. Я бы сказала «будьте благословенны!», однако вы УЖЕ благословенны! Поэтому вместо этого я скажу в завершении: «Лучшее — впереди. Счастливо потанцевать».

РЕСУРСЫ ДЛЯ ДАЛЬНЕЙШЕГО ПУТИ

Книги: всегда здорово иметь книгу в печатном виде, *однако большинство этих книг стоят дешевле в электронном формате на kindle.*

Сыновство и устранение религиозного мышления

· Божественное усыновление (Divine Adoption) - Есудиан Сильвестр (Jesudian Sylvester)

· Проглоченный жизнью - Есудиан Сильвестр

· Наследие сыновства (Legacy of Sonship) - Рики Ньювенхис (Ricky Nieuwenhuis)

· Хижина (The Shack) - Уильям Пол Янг (William Paul Young) Сокровища темноты III Часть 1: Основания непостижимой жизни (Treasures of Darkness III Part 1: Foundations of a Transcendent Life) - Джозеф Стёрджен (Joseph Sturgeon)

Внутреннее исцеление

· 3 простых шага к эмоциональному исцелению (Emotional Healing in 3 Easy Steps) - Молящийся медик (Praying Medic)

· Исцеленное сердце (Heart Made Whole) - Криста Блэк (Christa Black)

Духовное видение

· Простые принципы духовного видения (Seeing in the Spirit Made Simple) - Молящийся медик (Praying Medic)

· Видео на YouTube: введите данные названия в поисковике YouTube, чтобы просмотреть эти видео.

· Living from Heaven Chris Blackeby (Жить с точки зрения Небес, Крис Блэкеби)

Это невероятно освобождающее учение для любого, кто желает оставить религию и лучше понять свою подлинную сущность. Я на повторе переслушивала данное послание больше, чем какое-либо другое!

https://www.youtube.com/watch?v=LNxMVsqhQTO&list=PLpVBWlnJzRDIpHClQDWue1dBUmlyL3wB&index=2&t=1233s

- Foundations by Jesudian Sylvester (Основания, Есудиан Сильвестр)

Это серия из 10 видео на тему основания Евангелия. Он ВЕЛИКОЛЕПНЫЙ учитель, который полностью разбирает по частям религиозное евангелие. Настоятельно рекомендую каждому верующему! https://www.youtube.com/playlist?list=PLjzPWhJn4GdUTzlsY3CEGGS02bGFIuNtk

- Sonship, Identity, and Maturing (Сыновство, истинная сущность и зрелость)

Послание Дэна Молера «Истина, вера, освобождение».

Это послание представляет собой чудесное и компактное учение об истине Евангелия, освобождающей наши сердца из рабства!

https://www.youtube.com/watch?v=_a19JOUIPlQ&list=PLpVBWlnJzRDBXwkvarHvhbiLrHBRXz93&inde=3

- How to detox your brain Part 1 and Part 2 (Детоксикация мозга Часть 1 и 2)

Детоксикация мозга с Кэролин Лиф (Caroline Leaf) — это мощное учение о мозге и понимании необходимости обновления мышления, а также того, как мысли влияют на ваш физический мозг. Она учит в более техническом и научном стиле, что для многих полезно.

https://www.youtube.com/watch?v=Ea8pHeetkgo

- Начни в покое, Крис Блэкеби (Start in rest - Chris Blackeby)

Послание, которое прекрасно раскладывает по полочкам, что такое покой, и как жить в ПОКОЕ, приготовленном Иисусом для нас.

https://www.youtube.com/watch?v=mST3qX9_bBo&list=PLpVBWlnJzRDIpHClQDWue1dBUmlyL3wB&index=1&t=4016s

- Сыны, живущие благостью Божьей, Крис Блэкеби (Sons live by the goodness of God Chris Blackeby)

Данное послание помогает изменить мышление сирот на мышление сыновей!

https://www.youtube.com/watch?v=mxYiVBIL4oM

СТИХИ ВЛЮБЛЕННОГО В ИИСУСА

Данный раздел содержит несколько стихов/песен, которые я написала за эти годы. Они очень близки моему сердцу, это очень личное переживание, однако я почувствовала, что Яхве попросил меня ими поделиться, поэтому я неохотно, но повинуюсь. Верю, что они послужат вам так же, как они послужили мне.

Первый стих был написан, когда я исцелялась после выкидыша. Он очень личный для меня, однако, я поделилась им в надежде, что он поможет тем, кто скорбит, в своей боли найти Яхве. Я выбрала Его, и теперь благодаря Ему я обрела целостность. Вы можете стать целостными телом и душой даже после великой трагедии. Он — наш великий утешитель и наш целитель. Пусть те, кто потерял что-то, станут снова целостными.

Разбит, чтоб стать целым

Когда разбито сердце
И все не так как надо,
На Тебя, Иисус, я взираю
Моя сила, целитель мой

Я томлюсь по моему малышу
Боль так велика, что не знаю, как выдержать
Но на Тебя, Иисус, я взираю
Моя сила, целитель мой

Миллион вопросов витают в голове
Мучают мое измученное сердце
Но не теряться в них выбираю
А на Тебя, Иисус, я взираю
Моя сила, целитель мой

Когда прекратятся штормы?
Ничего не могу с ними сделать
И вместо того, чтоб закрыться
На Тебя, Иисус, я взираю
Моя сила, целитель мой

Я знаю, Ты этого не хотел
Я знаю, не Ты тому причиной
Поэтому я выбираю Тебя, и с Тобою я плачу
На Тебя, Иисус, я взираю
Моя сила, целитель мой

Ты один, кто может исцелить
Ты один, кто может шторм утишить
Ты — единственный путь из бездны моего отчаяния
Поэтому я отдаю Тебе всё
Я отдаю свою боль
Я отдаю своего малыша
На Тебя, Иисус, я взираю
Моя сила, целитель мой

Песня очарованного влюблённого

Мой возлюбленный зовет меня
Моя душа оживает
Я слышу шепот Любви, зовущий меня

Он взывает из пустыни
Говорит: «Придешь ли ты?
Ценой будет все, что есть у тебя
Придешь ли ты все равно?»

И я кричу «да», свое неумолкающее «да!»
Все, что во мне, Твое
Я себе больше не принадлежу

Тайное место манит меня - приди
Ты назвал меня своим другом
Ты назвал меня своей возлюбленной

Полностью соединена, полностью подчинена
Через свои страхи, через свои стены
Чего бы это мне ни стоило

Я прихожу и растворяюсь
Пустыня больше не пустыня
Меня тут встретила Любовь

Я захвачена
Я теряюсь в Его взгляде
Все остальное тает

Я присоединилась к вечному танцу любви
Потерялась в вечном блаженстве
Я побеждена Любовью

Несмотря на свои чувства
Несмотря на вопросы свои
Все равно выбираю Тебя

В периоды изобилия
В периоды опустошения
Все равно выбираю Тебя

Даже если боль Тебя обвиняет
Даже когда я не вижу
Все равно выбираю Тебя

В болезни и в здравии
В богатстве и в бедности
Все равно выбираю Тебя

Куда мне пойти?
Лишь у Тебя глаголы жизни
И нет таких как Ты

Куда еще мне пойти?
Только Ты един целитель
И единственный избавитель

Поэтому я все слагаю
В Твои руки я все вверяю
Пусть станет жертвой всесожжения вся моя боль

Все равно выбираю Тебя
Снова и снова,
Я выбираю Тебя

Я выбираю Тебя
Потому что Ты первый
выбрал меня

Раскрашивая за линиями

Подведи меня к моим границам
Я хочу раствориться

Пусть будет мне некомфортно
Но я хочу знать Твое сердце
Захвати и переполни меня
Желаю лишь Тебя

Разломи землю
Раскурочь стены
К беспорядку готова я
Я хочу всего

Неограниченная, полностью вольная
Вне своей коробочки

Мы раскрашиваем за линиями
Цвет на мне
Цвет на Тебе
Мы раскрашиваем за линиями

РАЗРЕШЕНИЯ НА ЦИТИРОВАНИЕ ПИСАНИЯ

Цитаты Священного Писания приведены из Синодального Перевода Библии (Синод.) и дословно переданы из пяти английских переводов:

- Berean Study Bible (BSB)
- English Standard Version (ESV)
- New Living Translation (NLT)
- Amplified Bible (AMP)
- The Passion Translation (TPT)

Разрешения предоставлены:

ОБ АВТОРЕ

Джессика Онсага была никем из ниоткуда, пока не обнаружила свой настоящий статус и не поняла, что он точно такой, как у Иисуса – «сын Божий». Джессика прошла долгий путь утверждения своей истинной природы, возрастая в личной дружбе с Иисусом и укореняясь в своем новом статусе сыновства. Теперь она помогает другим делать то же самое!

Heaven's Heart for Earth

Сердце Небес для Земли

Компания «Seraph Creative» — это коллектив
художников, писателей, теологов и
иллюстраторов, желающих увидеть, как тело
Христово возрастает в полноту зрелости, ходя
в своем наследии как Сыны Божьи на Земле.

Подпишитесь на нашу рассылку,
чтобы узнавать о будущих
интересных релизах.

Посетите наш веб-сайт: www.seraphcreative.org

www.ingramcontent.com/pod-product-compliance
Lightning Source LLC
Chambersburg PA
CBHW051229120626
46547CB00013B/1572